AF391461

PORTRAIT DV GRAND TAMERLAN,

AVEC LA SVITE DE SON HISTOIRE
iufques à l'eftabliffement de l'Empire
du Mogol,

NOVVELLEMENT TRADVIT DE L'ARABE DV FILS DE GVERAPSE,

Par Me *PIERRE VATTIER*, Confeiller & Medecin
de Monfeigneur le Duc d'Orleans.

A PARIS,

Chez *l'Autheur*, ruë *Dauphine*, vis à vis de l'Hoftel de la Curée,
au Point du Iour.

Et
Chez { AVGVSTIN COVRBE', au Palais, en la Galerie des
Merciers, à la Palme.
IEAN HVART, ruë S. Iacques, au deffous de
S Benoift, à l'Aigle d'Or.

M. DC. LVIII.
Auec Priuilege du Roy.

A

MONSEIGNEVR

L'EMINENTISSIME

CARDINAL

MAZARIN.

ONSEIGNEVR,

I'espere que Vostre Eminence ne desagréera
pas au retour d'une glorieuse Campagne le

ã ij

Portraict du Grand Tamerlan , apres auoir receu si fauorablement , auant que de partir, l'Histoire de ses Conquestes , qui a esté comme vn heureux presage de celles que le Ciel preparoit aux Armes du Roy & à vostre incomparable Conduite. La defaite de tant d'ennemis , & la prise de tant de Villes , ne pouuoient estre mieux predites , que par l'Historien d'vn grand Conquerant , venu du fond de l'Orient apprendre la Langue Françoise , qu'il ignoroit aussi bien que les autres , il y auoit plus de deux cens ans , pour faire voir à la France vne idée des Victoires qu'elle estoit preste de remporter à la faueur de vos sages Conseils. C'est maintenant plus que jamais, Monseigneur, que cet Autheur trouueroit dans tant d'heureux succés dequoy employer la magnificence de son style , & qu'il admireroit la Bonté & la Douceur de nostre Monarque jointes à sa Valeur & à vostre Prudence, apres auoir tant detesté les cruautez de son Heros. De combien ne prefereroit-il point les soins paternels, que sa Majesté a pris de Dunquerque, apres l'auoir contrainte de le reconnoistre pour Vainqueur, aux saccagemens d'Alep, de Damas, & de Bagded ? Combien trouueroit-il plus glorieuse la generosité auec

laquelle vous faites tenir aux autres Villes plus
mesme qu'il ne leur a esté promis, que les _ _ _-
lences exercées en tant de lieux par ce Barb_ _ _
aux despens de la foy qu'il auoit donnée ? M_ _ _
puisqu'il n'est plus en estat de rien dire de nouueau, permettez, s'il vous plaist, Monseigneur, que ie donne encore à la France sous
vos mesmes auspices le reste de ce qu'il a escrit sur
le mesme subjet. Apres auoir veu les effets, l'on est
d'ordinaire bien aise d'en considerer les causes. C'est
ce que l'on peut faire en ce Portraict, Monseigneur ; qui nous represente la taille, la mine, le
naturel, les façons de faire, & en vn mot le
corps & l'ame de celuy qui a mis vn si grand
trouble & vn si grand desordre dans le monde. L'on y peut voir ensuite à quoy ont abouty tous ces grands remuëmens apres sa mort,
& les malheurs qui sont arriuez à la pluspart de ses enfans par la trop grande fortune de leur Pere, qui les eust sans doute
laissez plus heureux, si, comme vous, Monseigneur, il n'eust iamais eu d'autre but en
tous ses desseins que le bon-heur de l'Estat,
& la gloire de son Prince. Ce sont particulierement ces sainctes intentions, qui obligent
tous les bons François à faire des vœux conti-

ā iij

nuels pour voſtre proſperité, & plus que tous les autres, moy qui fais une publique profeſ-ſion d'eſtre.

MONSEIGNEVR,

De Voſtre Eminence,

Le tres-humble, tres-obeïſſant,
& tres-obligé feruiteur,
PIERRE VATTIER.

ADVIS
AV LECTEVR.

E m'acquitte de la promeſſe que i'ay faite au public, amy Lecteur, de luy donner en François le reſte du Liure du fils de Guerapſe. L'Hiſtoire du Grand Tamerlan a eſté trop bien receuë, pour ne pas ſatisfaire à la curioſité qu'elle a donnée à beaucoup d'honeſtes gens d'en voir la ſuitte, & de lire tout ce que l'Autheur auoit eſcrit ſur ce fameux ſubjet. Voicy donc encore trois Liures conformes au deſſein que i'en auois tracé à la fin du Sommaire des ſept autres, ſinon que i'ay mis le premier en François, celuy qui eſt le dernier en Arabe, & à qui i'ay donné pour tiltre *Portraict du Grand Tamerlan*; parce qu'il m'a ſemblé qu'il auroit meilleure grace en cette ſituation. Il eſt vray qu'il y a quelques endroits qui ne s'entendront pas bien qu'apres la lecture des deux autres, mais il y en a peu, & ceux

qui voudront le lire le dernier , ne laiſſeront
pas de le faire. Il s'en trouuera meſme, ſi ie ne
me trompe, qui prendront bien la peine de le
lire deux fois ; car il contient beaucoup de choſes remarquables. Pour ce que noſtre Autheur
y dit d'abord de la taille & de la mine du
Grand Tamerlan, ie ſçay bien qu'il ne reuient
pas à ce qu'en ont dit quelques autres; mais l'on
doit, ce me ſemble, s'en rapporter à luy plûtoſt
qu'à eux , puis qu'il viuoit, comme nous auons
dit ailleurs, de ſon temps & en ſon pays, & qu'il
l'a veu de ſes yeux, ou pour le moins conuerſé
familierement auec quantité d'honeſtes gens,
qui l'auoient veu des leurs, & paſſé meſme vne
partie de leur vie à ſon ſeruice. C'eſt icy au reſte que ſe trouue le paſſage, que i'ay touché en
faueur d'Auicenne, dans ma Preface ſur ſa Logique. Voyez p. 10. l. 30. *La Samiſatiene, la
Saluchiene, la Salariene,* nommées abſolument,
s'entendent à mon aduis, *la Medraſe Samiſatiene, &c.* c'eſt à dire, *le College Samiſatien,*
&c.

PORTRAIT

PORTRAIT
DV GRAND
TAMERLAN,

Traduit de l'Arabe du fils de Guerapse,
Par P. VATTIER.

SOMMAIRE.

I. *La taille & la mine du grand Tamerlan, son Sçeau & ses Armes, son Esprit & son naturel en general; sa conuersation auec le fils de Cheldon; son inclination pour les Sciences & pour les Sçauans; son jeu aux Eschecs; sa Religion. II. Sa subtilité & son adresse, & les nouuelles qui luy venoient de tous pays. III. Ses dissimulations. IV. Sa seuerité. V. Le respect qu'on luy portoit. VI. Sa Chasse. VII. Ses richesses & ses bastimens. VIII. Ses femmes, ses enfans, & ses Officiers. IX. Les habiles hommes de son temps. X. Quelques raretez de Samercand. XI. Mechamude le Brasseur. XII. Ses soldats. XIII. Les Chetiens & les Gegréens. XIV. Les Docteurs & les femmes. XV. Il y auoit en son armée des gens charitables & craignans Dieu.*

I. **T**AMERLAN estoit vn grand corps, haut & gros extraordinairement, & d'vne taille tout à fait auantageuse, comme si c'eust esté quelque rejetton de la race des Amalecites; le front grand, la teste

groſſe; fort & puiſſant, de bonne mine; le teint blanc
aſſorty de beaucoup de rouge, point du tout baſa-
né; bien membré, les eſpaules larges, les doits gros,
les iambes hautes, & le temperament parfaitement
bon; il portoit la barbe grande; il eſtoit manchot &
boiteux du coſté droit; il ſortoit de ſes deux yeux
comme deux flambeaux, dont la lumiere n'eſtoit
pourtant pas bien viue; il auoit la voix haute & per-
çante; il n'apprehendoit point la mort; il auoit prés
de quatre-vingts ans, & auec cela l'eſprit ferme &
entier, & le corps vigoureux & robuſte; conſtant &
ineſbranſlable, comme vn rocher. Il n'entendoit
point raillerie & ne vouloit point ouyr mentir; il ne
falloit point ſe iouër ny badiner deuant luy pour luy
plaire; car il aimoit la verité, quand meſme elle luy
euſt eſté deſauantageuſe. Il ne s'affligeoit point pour
n'auoir pas reüſſi en quelque choſe, & ne paroiſſoit
point auſſi plus ioyeux pour auoir eu quelque bon
ſucces. La deuiſe de ſon ſçeau portoit ces mots, *Raſa*
ti raſti, c'eſt adire, *ie ſuis ſincere & naïf*. La marque
de ſon beſtail, & le coin de ſes monnoyes portoit
trois anneaux ou cercles en cette façon°,°. Il ne ſe
tenoit point en ſa compagnie de diſcours ſales; il ne
s'y parloit point auſſi de tueries, de ſaccagemens,
d'eſclauages, de pillages, de rauages, ny d'autres
tels exces & violences. Il eſtoit cependant hardy,
vaillant, redouté & reſpecté. Il aimoit les gens de
cœur & les braues guerriers, par le moyen deſquels
il ſe faiſoit paſſage dans les lieux les plus terribles,
domtoit & ſe rendoit obeyſſans les plus fiers &

plus orgueilleux des hommes, & renuerſoit les Cha-
ſteaux & les places les plus fortes ; ſubtil & intelli-
gent en ſes penſées , merueilleuſement ſeur en ſes
coniectures, extraordinairement heureux en ſes ren-
contres, vigilant & agiſſant où il le falloit eſtre , ferme en ſes reſolutions , & veritable en ſes paroles.
Combien a-t-il, dit le vers, *ſurpris & accablé de vaillans
par ſes ſtratagemes ?* c'eſtoit vn eſpion adroit qui ſçauoit le langage des yeux & des paupieres ; vn rompu
d'experience dans les affaires, qui entendoit a demy-
mot. Il penetroit les intrigues les plus cachées, &
deſcouuroit les ruſes les plus fines ; il recognoiſſoit
le naturel d'auec le falſifié & diſtinguoit le vray du
ſophiſtiqué par ſa clairuoyance & par le grand vſage, qu'il auoit des choſes. Il cognoiſſoit le coucher
de l'eſtoile dés ſon leuer, & ſçauoit où alloit donner
la fleſche dés qu'elle partoit de l'arc; il voyoit les eue-
nemens dans leurs cauſes par ſon raiſonnement,
comme les autres voyent les objects preſens à leurs
yeux. Auſſi quãd il auoit vne fois donné vn ordre ou
fait cognoiſtre ſon deſſein, iamais il ne reuoquoit ny
changeoit en quoy que ce fuſt ſa premiere reſolution, depeur qu'on ne le blaſmaſt d'inconſtance &
de legereté d'eſprit. *Quand il auoit dit vne parole ou
teſmoigné ſa volonté , dit le vers , c'eſtoit vn arreſt deciſif
& irreuocable.* On luy donnoit entre autres qualités
celles de Legiſlateur des ſept climats, de Separateur
de l'eau & de la terre en la bouë , de Vainqueur des
Princes & des Sultans.

On raconte du Cadi des Cadis Valildin Gabdo-

rhachaman fils de Cheldon le Maliquien, Cadi des
Cadis en Egypte, qui eſt l'Autheur de ces admirables annales eſcrites d'vn ſtile nouueau & extraordinaire, ainſi que i'ay apris de gens d'eſprit & de ſçauoir, qui les ont veuës & en ont examiné les mots &
les penſées ; car pour moy ie n'ay pas eu ce bonheur, qu'eſtant venu en Syrie auec les armées Muſſulmanes, & depuis, quand elles s'en retournerent,
demeuré malheureuſement pris ſoubs les grifes de
Tamerlan, il luy parla ainſi en quelcun de ſes entretiens, apres s'eſtre, auec l'aide de Dieu, inſinué
en ſes bonnes graces & rendu familier auec luy. *No-*
ſtre maiſtre le commandeur, dît il, *donnez moy voſtre*
main, qui eſt la clef de toutes les portes du monde, afin que ie
me puiſſe vanter d'auoir eu l'honneur de la baiſer. Il luy
parla auſſi en ces termes, lors qu'il voulut l'obliger
de l'accompagner, comme il luy auoit deſia recité
quelque choſe de l'hiſtoire des Princes d'occident,
car Tamerlan ſe plaiſoit extremement a lire l'hiſtoire & a en entendre le recit ; il n'y auoit rien qui le ra-
uiſt à l'egal de ce diuertiſſement, & c'eſtoit ce qui
l'obligeoit de le vouloir retenir en ſa compagnie.
Noſtre maiſtre le commandeur luy dît il la deſſus, *l'Egy-*
pte ne peut pas auoir à l'auenir d'autre ſouuerain que vous,
ny eſtre gouuernée autrement que par vos ordres. Pour moy,
ayant l'honneur d'eſtre aupres de vous, il m'eſt aiſé de me
paſſer de tous mes parens & alliés, de mes ſeruiteurs, de mes
enfans, de ma demeure ordinaire, de mon pays, de mes com-
pagnons, de mes plus familiers & plus intimes amys, des
Princes & Seigneurs & de tous ceux que i'ay reſpectés &

conſiderés par le paſſé ou pluſtoſt de tous les hommes du monde, puiſque toute ſorte de venaiſon ſe rencontre, dit le
prouerbe, dans le ventre du Faulcon. Ie ne ſuis faſché &
n'ay deſplaiſir que de ma vie paſſée, & des iours que i'ay
veu couler iuſques à maintenant, pour ne les auoir pas em-
ployés à voſtre ſeruice, & n'auoir pas eu cy deuant le bon heur
d'eſtre eſclairé de la lumiere de vos yeux. Mais ce qui eſt paſſé, eſt paſſé; ie verray du moins à l'auenir la verité au lieu
de l'ombre & de la figure; ce n'eſt pas à moy qu'il faut dire,
comme dit l'autre, Dieu te garde de pire, & t'enuoye
mieux; car ie ſuis au faiſte de ma bonne fortune. I'eſpere
mener chez vous vne vie toute nouuelle & toute autre que
la precedente, & paſſer mon temps à voſtre ſuite tout d'vne
autre maniere, que ie n'ay fait auparauant; ie m'en vais
me recompenſer de la perte de mes premieres années par l'em-
ploy du reſte de ma vie à voſtre ſeruice, ſans me departir iamais de l'obeyſſance deuë à vos commandemens. I'eſtimeray
ces iours icy les plus precieux des miens, ce ſeiour le plus
glorieux, que i'aye iamais fait, & cet eſtat le plus illuſtre, auquel ie me ſois iamais trouué. Mais il n'y a qu'vne choſe qui
me fait peine & qui me donne de l'ennuy; ce ſont mes Liures, en la compoſition deſquels i'ay conſumé mon âge, &
employé tout ce que ie ſçauois de plus beau & de meilleur. I'ay
paſſé les iours & veillé les nuicts à les trauailler & à les enri-
chir. Car i'y ay deduict les annales de tous les ſiecles depuis le
commencement du monde, & expoſé les vies des Princes tant
d'Orient que d'Occident, mais particulierement la voſtre, que
i'y ay miſe, comme le chaton à la bague, la fleur à la plante,
& la bordure à la robe; voſtre Empire eſt adjouſté aux autres, comme vn beau frontiſpice à vn edifice ſuperbe. Ils ſont

au Caire ; si ie les auois, iamais ie ne voudrois me separer
de vous, ny quiter pour vn moment voſtre ſuitte. Car ie rends
graces à Dieu de m'auoir fait enfin rencontrer vn homme,
qui m'eſtime ce que ie vaux , qui conſidere mes ſeruices , &
me maintiene honorablement en mon rang. Il diſoit tout
cecy en termes choiſis , auec vn diſcours poly , coulant , & agreable au poſſible, plein de douceur &
d'artifice , & capable de perſuader les plus defians.
Tamerlan s'y laiſſa gaigner , emporté ſur tout de
l'inclination qu'il auoit pour les Liures de l'hiſtoire
& des vies des Princes , & bruſlant d'enuie de voir
ceux , dont il luy auoit fait mention , en ſorte qu'il
fut raui & enchanté par les charmes de ſes diſcours
& de ſes promeſſes. Il ſe miſt en ſuite à s'enqueſter a
luy de l'eſtat des villes & des prouinces d'Occident,
s'informant de leurs ſituations & correſpondances,
des eſtapes & paſſages, des tribus & des peuples, ſuiuant ſa couſtume & ſa façon de faire ; le tout pour
l'eſprouuer ; car il n'auoit pas beſoin de telles inſtru-
ctions , ayant des tableaux de tous les pays rangez
par ordre dans le cabinet de ſon imagination ; il
vouloit ſeulement recognoiſtre par la , l'eſtenduë
de ſa ſcience , & voir la ſincerité ou feintiſe, auec laquelle il luy parleroit d'abord. L'autre luy eſtala toutes ces choſes en ſon diſcours , comme s'il les euſt
venës deuant ſes yeux , ſans partir de la place , où il
eſtoit aſſis, & les luy repreſenta toutes telles qu'elles eſtoient grauées dans ſa memoire. *Mais comment,*
luy dît enſuite Tamerlan , *nous mettez vous Nabu-*
chodonoſor & moy dans vos diſcours au rang des grands

Princes? nous ne sommes, cint de tel lieu venus, nous ne som-
mes pas seulement des meres Mouches de la ruche, c'est bien
loing de pouuoir paroiſtre parmy les maiſtres Taureaux de
l'herbage. Ce que les autres ont de leur naiſſance, repliqua le
Cadi, *vos admirables actions vous le donnent.* Ce mot
luy pleut, & il dît la deſſus à ſa compagnie; *vous pou-*
uez bien ſuiure la conduite de cet homme; c'eſt vn prelat.
Apres cela il commença de l'entretenir de ce qui
eſtoit arriué en ſon pays & de ce qui s'eſtoit paſſé
entre les Princes de l'Arabie & ſes gens de guerre, &
ne ceſſa de luy conter des nouuelles de ces quartiers
là, tant qu'il luy deduiſit toute l'hiſtoire de ceux qui
luy appartenoient, & de ſes enfans, ſi bien que le Cadi demeura tout eſtonné du bel ordre & de la fluidité
de ſon diſcours, diſant en luy meſme, *il ne faut point*
d'autre Hiſtorien a ce Diable, que luy meſme, pour faire co-
gnoiſtre ce qu'il eſt, à ſes amys. Apres cela Tamerlan
donna permiſſion au Cadi d'aller au Caire querir ſa
famille, ſes enfans, & ſes beaux Liures, à la charge
de ne demeurer que le temps, qu'il falloit pour faire
le chemin, & de reuenir auſſi-toſt le trouuer, auec
ample eſperance, l'aſſeurant, qu'il auroit de luy tout
ce qu'il deſireroit. Il partit incontinent, & demeura
depuis en repos, depeſtré de cette captiuité.

Tamerlan aimoit les Docteurs, eſtimoit les Seigneurs & les Nobles, & honoroit parfaitement les
gens de ſçauoir & de merite, leur donnant leur rang
deuant les autres en commun, & à chacun d'eux la
place qu'il meritoit, en particulier, luy conſeruant
ſes droits & ſes prerogatiues. Il traitoit auec eux

d'vne façon meflée de familiarité & de majefté, & difputoit contre eux d'vne maniere temperée d'ega-lité & de maiftrife, doux & feuere, violent & equi-table tout enfemble. Il affectionnoit les maiftres des arts & des metiers, quels qu'ils fuffent, pourueu qu'ils fuffent releués & confiderables. Il auoit vne auerfion naturelle pour les Bafteleurs & pour les Poëtes. Il faifoit venir aupres de luy les Aftrologues & les Medecins, faifant cas de ce qu'ils difoient, & les entendant volontiers difcourir.

Il aimoit particulierement le ieu des Efchecs, par-ce qu'il requert beaucoup d'attention & d'applica-tion; mais comme fon efprit eftoit audeffus des pe-tits, il ne ioüoit qu'aux grands, dont l'Efchiquier eft de dix fur onze, y ayant d'adjoufté deux Cha-meaux, deux Girafes, deux Efpions, deux Gabions, vn Vizir, & d'autres chofes; nous parlerons ailleurs de leurs fituations Les petits Efchecs en comparai-fon des grands n'ont prefque rien de ce qui fe ren-contre ordinairement dans la lecture des annales & des hiftoires des Prophetes, à qui Dieu face paix & mifericorde, des vies des Princes & de tout ce qui s'eft paffé parmy le monde aux champs & à la mai-fon. Toutes ces lectures fe faifoient deuant luy en Perfan, & elles luy auoient efté tant de fois repetées, les accens de tels difcours luy auoient tant frappé les oreilles, qu'il les poffedoit parfaictement, en ayant vne fi forte habitude, que quand il arriuoit au lecteur de manquer, il le reprenoit & corrigeoit; parce que *la routine*, dit-on, *fait vn afne iurifconfulte,*

car

car au reſte il eſtoit vn idiot , ne ſçachant ny lire ny
eſcrire , & n'entendant quoy que ce ſoit , en la langue Arabique ; pour le Perſan , le Turc,& le Mogol,
il en ſçauoit plus qu'aucun autre.

Il croyoit les articles de Foy de Gencize Chan,qui
ſont comme des branches tirées du gros de la Religion Muſſulmane , & en faiſoit obſeruer les Loix ſuiuant les traces Mahometanes.Tous les Gegtéens,les
Daſtois,les Chetéens, les habitans de Turqueſtan,
& autres tels Barbares ſuiuent pareillement la Loy de
Gencize Chan, Dieu le maudiſſe , pardeſſus la Muſſulmane , & c'eſt pour cela que noſtre maiſtre &
ſieur Chaphedoldin le Bezazois, Dieu luy face miſericorde , noſtre maiſtre & Seigneur & ſieur Galaldin
Mahomet le Boucharois,Dieu le côſerue,& les autres
Docteurs, Directeurs,& Prelats de la Loy Muſſulmane , ont iugé & declaré Tamerlan Infidelle, comme tous ceux qui mettent les Articles de Gencize
Chan deuant la Foy Muſſulmane ; ils en auoient encore d'autres cauſes. On dit , que Sarachi a depuis
peu aboly la Foy & les Articles de Gencize Chan , &
ordôné à ces peuples de ſe gouuerner entieremét ſuiuant les preceptes de la Religion Muſſulmane ; mais
ie ne penſe pas que cela ſoit vray ; car cette loy a
pris racine parmy eux , & y eſt eſtablie , comme la
pure & la veritable Religion ; & s'il luy eſtoit arriué
de faire aſſembler ſes Satrapes & ſes Prelats dans vne
Sale , & apres en auoir fait fermer les portes ,de paroiſtre deuât eux ſur vne Tribune pour leur declarer
quelque choſe de cette nature ,ils ſe ſeroient tous re-

tirez en arriere, comme des Afnes , gagnant les portes.

11. Il pouffoit la pointe de fon efprit fi extraordi-nairemét haut, & quittoit de fi loing la conduite cómune & vulgaire , qu'il n'y auoit perfonne , qui peuft penetrer le fond de fes penfées, ny grimper au fommet de fes deffeins. Il auoit eftably dans fes Prouinces les Piliers de fa Domination, & enuoyé par tous les autres pays fes Efpions de plufieurs manieres; des Commandeurs, comme Atlamis l'vn de fes chefs de guerre ; des gens de Loy , pauures,comme Mafgude le Cachegenois , lumiere de fon Diuan; (le premier de ces deux eftoit au grand Caire , & le fecond dans Damas vn des Sophis de la Samifatiene) des Curieux , des Marchans , des Luiɗeurs maliticux , des Fileux affronteurs , des Gueux , des gens de meftier , des Aftrologues , des Naturaliftes , des Charlatans babillards , des Bafteleurs vagabons , des Mariniers fauuez à la nage , des Coureurs volés fur terre , des Verfeurs à boire beaux & bien ajuftez , des Traiteurs ciuils & courtois , des laides & monftrueufes Megeres , des Vieilles rufées & artificieu-fes , des Vieux-routiers , qui auoient chaffé le chameau en Orient & en Occident. Ses ftratagemes & fes inuentions faifoient des effets , qui fembloient eftre des enchantemens ; il vniffoit enfemble par fes adreffes le feu & l'eau , le droit & le tortu. Il paffoit en rufe & en artifice Safan & Abuzide ; il eftoit auffi fubtil & auffi perfuafif en fes raifons que le fils de Sina ; il faifoit taire les Grecs dans fa Logique , ren-

uerſant ſur eux les propoſitions, accordant les dire-
ctement oppoſés, & mettant enſemble les incom-
patibles. *L'incomparable eſt celuy*, dît le vers, *qui fait
marcher à la guerre toutes ſortes de troupes d'vne ſeule parole;
qui meſle dans ſa conduite l'eloquence au raiſonnement, &
ſe fait ſuiure par ceux qu'il aime, auſſi bien que par ceux qui
l'aiment.* Ils luy faiſoient ſçauoir ce qui ſe paſſoit de
tous coſtés & luy enuoyoiēt des nouuelles de tout ce
qui arriuoit; ils luy eſcriuoient ce qu'il y auoit d'auā-
tageux & de remarquable dans les pays; ils luy man-
doiēt iuſques à la police des lieux & le prix des viures;
ils luy deſcriuoient les paſſages & les grandes Villes; ils luy repreſentoient les plaines & les lieux mon-
tueux, ils luy deſignoient les maiſons & les demeures; ils luy expoſoient les diſtances de l'vn à l'autre,
pres & loing, ce qu'il y auoit entre deux de large &
d'eſtroit, les qualitez des lieux voiſins de part &
d'autre vers l'Orient & l'Occident, les noms des villes & des villages, des paſſages & des eſtapes, des
habitans de chaque lieu, quels eſtoient les principaux & les plus conſiderables, les grands & appa-
rens par deſſus les autres pour leur merite ou pour
leur Nobleſſe, les riches & les pauures, le nom &
le ſurnom de chacun, ſa Nobleſſe & ſon extraction,
ſon meſtier & ſa vacation. Il conſideroit tout cela
en luy meſme, & voyageoit en penſée par toutes les
prouinces. Auſſi quand il arriuoit en quelque ville, le
premier des principaux habitans qui le venoit voir,
il ſe mettoit auſſi toſt à luy demander des nouuelles
d'vn tel & d'vn tel; *Qu'eſt ce qui eſtoit arriué à vn tel en*

tel temps de telle & telle entreprise, qu'il auoit faite ; à quoy auoit abouty telle auanture ; comment auoient fait vn tel & vn tel du different qu'ils auoient eu entre eux. Vn homme demeuroit là deſſus tout eſtonné, & s'imaginoit que Tamerlan s'eſtoit trouué preſent à toutes ces choſes. Bien ſouuent il leur repreſentoit le neud des queſtions, & leur contoit la maniere des diſputes, qu'ils auoient euës, & des meſſages, qu'ils s'eſtoient entre enuoyé. Ils s'imaginoient, *qu'il auoit des degrés en cette ſcience, ou du moins, qu'il auoit ſeruy les Docteurs.* C'eſt ce qui a fait croire à quelques vns, que ce Diable errant, auoit eſté vn temps dans la Salariene. Quelcun s'eſt meſme auancé iuſques à dire, qu'il l'auoit veu parmy les Pauures de la Samiſatiene. On raconte entre autres traits de ſes coniectures, que quand il arriua à Siuaſe, qui tenoit contre luy auec vne tres bonne & tres forte garniſon, il dît à ſes gens; *remarquez ce que ie vous dis ; nous aurons cette place dans dix huit iours ;* ce qui arriua. Certes il eſt indubitable, que ce boiteux eſtoit ou guidé du Ciel, ou deſtiné aux ſupplices eternels par le mauuais vſage qu'il deuoit faire des felicitez temporelles.

III. Il auoit de plus des diſſimulations & de faux mouuemens, par leſquels il trompoit tout le monde. Quelquefois il luy ſuruenoit des choſes, qu'il auoit à contre cœur & qu'il taſchoit d'empeſcher & de repouſſer de tout ſon pouuoir, & cependant il faiſoit mine de ne demander pas mieux ; il faiſoit ſemblant de n'en pas vouloir d'autres, qu'il deſiroit paſſionément. On a peu remarquer cy deſſus des exemples de

tout cecy. Entre autres feintes, quand il auoit enuie
d'aller en quelque lieu & de tourner du cofté de
quelque pays, & ne vouloit pas cependant que perfonne feeuft fes deffeins, mais pluftoft qu'on s'ima-
ginaft tout le contraire ; comme il n'ignoroit pas
que dans la vafte eftenduë des flots de fon armée il
n'y euft quelque Crocodile au guet, ou quelque Can-
cre aux efcoutes , & que quand mefme il n'y euft
point eu d'efpions dans fon camp, le leuer du Soleil
ne fe peut cacher à ceux qui ont des yeux ; il affem-
bloit les principaux de fes troupes, & les plus confiderables de fa fuite , defquels il auoit couftume de
prendre confeil, & de leur communiquer fes penfées, & les obligeoit de venir en perfonne fi eftroite-
ment, qu'il ne falloit pas qu'aucun y manquaft, le fils
n'y eftát point receu au lieu du pere, ny le pere au lieu
du fils. Apres cela il leur defcouuroit le fecret de fes
affaires , & leur demandoit leur aduis fur le chemin
qu'il deuoit tenir & la part où il deuoit aller, leur donnant toute liberté de dire chacun fon fentiment. *Il eft
permis, difoit il, à ceux qui ont de la prudence & qui voyent
quelque chofe de l'auenir dans l'eftat prefent des affaires, d'v-
fer icy librement de leurs coniectures ; que chacun dife fa pen-
fée, il n'y a point de danger, foit qu'elle foit trouuée bonne,
& fuiuie, foit qu'elle foit rebutée, comme mauuaife. S'il dit
mal, il n'en aura pour cela aucun dommage ; s'il dit bien, il
en fera recompenfe. Que chacun donc employe fon efprit , &
tafche de toute fon induftrie à bien rencontrer , & ne face
point de difficulté de propofer ce qu'il aura trouué de meilleur ;
que chacun s'imagine deuoir reüffir à fon contentement ; car*

enfin il faut demeurer d'accord de quelque chose. Il laiſſoit enſuite deliberer l'aſſemblée , & s'approchoit de quelcun de ſes plus familiers amis , comme Selima-noſas, Camari , Sipholdin , Alladade , Samalque, Siche Nouroldin. Ils ſe mettoient donc a eſplucher l'affaire propoſée & à la tourner de tous les ſens, chacun diſant ſes raiſons, & refutant les contraires. Enfin ils s'accordoient enſemble d'aller de quelque coſté. Là deſſus il faiſoit venir les fourriers & les gui-des, & ceux qui deuoient marcher deuant , & leur donnoit ordre de prendre ce chemin là. Ils ne man-quoient pas de publier auec cela les raiſons qui l'a-uoient obligé à cette reſolutiós. Si toſt que les tene-bres de la nuiĉt eſtoient diſſipées, & le flambeau du iour cleué pour adreſſer les pas des voyageurs, la marche ſonnoit , & chacun chargeoit ſa beſte & la tournoit du coſté qu'il auoit eſté arreſté le iour pre-cedent, ſuiuant l'ordre qui en auoit eſté donné. Tout le monde eſtant preſt de partir , & quelques vns meſmes ayant deſia commencé à marcher, alors il rappelloit ſes gens, & leur commandoit de tourner bride ailleurs & de quiter la route qu'ils auoient priſe, ſans auoir auerty qui que ce fuſt de ce deſſein, que ſur l'heure meſme ; car ſi la neceſſité ne l'euſt entierement contraint, il ne l'euſt pas encore fait, ny deſcouuert ou communiqué ſon ſecret à perſon-ne. Il tournoit la penſée des troupes d'vn coſté, & la ſienne d'vn autre ; il leur faiſoit imaginer qu'ils al-loient en Orient, & ſa viſée eſtoit de les mener en Occident. On voyoit là deſſus vne confuſion & vn

tumulte merueilleux parmy cette multitude im-
menſe, chacun rebrouſſant chemin & changeant
de rang & de place auec vn bruit nompareil. Ils
auoient toutes les peines du monde à ſe deſbroüiller
& ſe remettre en ordre; ce qui eſtoit à vn bout du
camp, il falloit le ramener à l'autre; les hommes
pouſſoient chacun de ſon coſté, les beſtes ne ſçauoient où on les traiſnoit, tout le monde eſtoit tout
eſtourdy, perſonne ne ſçauoit ce qu'il faiſoit ny où
il alloit, on euſt dit que le Ciel eſtoit réuerſé, ou que
la terre auoit changé de ſituation. S'il y auoit quelque
eſpion dans ſes troupes qui obſeruaſt leur marche,
& conſideraſt quel chemin elles prenoient, les ayant
veu charger, tourner d'vn coſtè, & partir, il ne man-
quoit point de piquer incontinent vers ſon maiſtre
pour luy en donner aduis, & de luy faire entendre
pour tout certain que l'armée prenoit telle marche,
l'ayant veuë de ſes propres yeux tenir ce chemin là.
Ceux donc de ces pays là commencoient à ſe mettre
ſur leurs gardes, tous les autres quartiers ſe tenoient
en repos & ſe croyoient en ſeureté; mais on eſtoit
tout eſtonné qu'il ſe iettoit à l'impourueu ſur ceux
qui l'attendoient le moins, les ſurprenant & les ac-
cablant auant qu'ils euſſent penſé à ſe defendre. Ses
ruſes & ſtratagemes eſtoient de tant de ſortes, qu'il
n'y auoit pas moyen de s'en prendre garde. Comme
quand il fut en Syrie, les armées Muſſulmanes s'e-
ſtant auancées audeuant de luy, il fit courir vn bruit,
que ſes gens ſe laſſoient de le ſuiure plus loing & per-
doient courage, ſe retirant meſme, & faiſant vn pas

en arriere , foubs pretexte , que fa caualerie & fon
infanterie manquoient de viures & de fourage , &
prenant le chemin de Bagded. Les troupes Egy-
ptienes ne laifferent pas de quiter la partie & de prendre la fuite ; mais cependant fon intention eftoit de
leur faire reprendre courage & de les obliger à tenir
ferme, à garder le pofte qu'elles auoient pris , & à
ne s'en pas retourner ainfi fans rien faire ; afin de les
enueloper tout d'vn coup dans fa naffe, & de n'en
point faire à deux fois.

IV. Pour exemple de fa fermeté & de fa conftance
dans les refolutions qu'il auoit faites, & de fa feue-
rité à punir ceux qui s'oppofoient à fes deffeins, &
qui empefchoient l'execution de fes volontés, on
raconte , que dans le voyage qu'il fit aux Indes
auec fes troupes, il rencontra vn chafteau fitué fur
vn roc extrémement haut. Les machines braquées
fur fes tours paroiffoient comme des pendans d'o-
reilles ; les traits qui en eftoient lancez , fembloient
des eftoilles tombantes du haut du firmament; Mars
eleue en fon midy eftoit comme vne de fes fentinel-
les , & Saturne au milieu de la nuict comme vn des
foldats de fon guet ; le Soleil au plus haut de fon
cours paroiffoit comme vn flambeau brillant fur fes
murailles ; la pluye, qui tomboit des nuës, fembloit
y eftre auparauant coulée des fources qui iailliffoient
de deffous fes fondemens ; les nuages plus legers &
plus eleuez , que la reflexion des rayons peint de
rouge, eftoient comme des pauillons tendus fur fes
tours , & la verdure des campagnes voifines eftoit
aux

aux yeux, qui la regardoient de deſſus leur hauteur,
comme vn tapis vert eſtendu ſur le paué pour re-
créer la veuë. Il y auoit dedans vne garniſon d'Indiens, gens de courage & ſans peur, qui auoient
obligé les autres habitans de ſe retirer plus loing
dans des lieux inacceſſibles, afin de n'eſtre pas en-
baraſſez d'eux, eſtant reſolus de tenir ferme dans la
place & de la defendre iuſques à l'extremité, quoy
qu'ils fuſſent en petit nombre, & tous hommes de
peu de conſequence, ſur qui il n'y auoit rien a prendre ny a gagner que bien de la peine & de l'incommodité. Il n'y auoit point d'apparence de les combatre, ne ſe trouuant point de place autour du cha-
ſteau, où l'on peuſt s'arreſter de pied ferme ; ils
eſtoient là haut eleuez, preſts d'accabler ceux, qui
voudroient les aprocher, ſans pouuoir receuoir
d'eux aucun dommage. Pour tout cela il ne voulut
pas paſſer outre ſans l'aſſieger & l'entreprendre.
*Quand vn homme d'eſprit & d'entendement s'attache à
vne choſe, il n'eſt point de raiſons capables de l'en detourner.*
Ses ſoldats commencerent donc a attaquer la place
de loing, & ceux de la garniſon à decocher ſur eux
ſans aucun empeſchement toutes ſortes d'inſtru-
mens propres à les incommoder & ruiner, ſi bien
qu'il y en auoit tous les iours vne infinité de tuez.
Cela encourageoit d'autant plus les aſſiegez à tenir
ferme ; ils ne vouloient point entendre parler de
compoſition ; mais il s'obſtinoit auſſi fort de ſon coſté à ne point partir de là, qu'il n'euſt emporté la
piece. Vn iour entre autres, ſes gens ſe trouuerent

greflez de telle forte, qu'ils furent contrains de faire
retraite ; fur quoy il fe mit à les encourager à retourner au combat, faifant la ronde , pour voir en quel
eftat ils eftoient, & ce qu'ils auoient fait. Mais il fut
tout à fait mefcontent de leur conduite , parceque
l'efpouuante les auoit faifis & mis tout en defordre.
Il fit donc venir les principaux commandeurs &
chefs de fes troupes, & les plus confiderables de fon
armée, & commença à les defchirer d'injures & d'opprobres , & à les charger de maledictions & de mefpris, enflammé de cholere & efcumant de rage. *Infames poltrons*, difoit-il, *mangeurs de viandes defenduës,
vous venez bien receuoir les bienfaits, dont ma liberalité
vous comble , mais vous vous enfuyez, quand il eft queftion
de combatre mes ennemis. Dieu change les biens, que ie vous
ay iufques à prefent faits , en maux , & vous accable des
miferes, que voftre infidelité merite. O perfides , ô ingrats,
vous ne valez pas que ie penfe à vous faire du bien , vous
n'eftes propres qu'à irriter ma cholere ; quoy ne marcherez
vous pas fur la tefte des Princes, fuiuant les pas de ma conduite ? ne volerez vous pas iufques aux extremitez du monde, portés fur les aifles de ma faueur ? ne forcerez vous pas
les places les plus inacceffibles , armés de la terreur de mon
nom ? ne courrez vous pas librement tous les climats, foubs la
protection de ma puiffance ? ie vous ay rendus les maiftres de
toute la terre en Orient & en Occident ; ie vous ay fait dif-
pofer de tout ce qu'elle fouftient, à voftre fantaifie. N'ay ie
pas allumé le feu qui a confumé vos ennemys ? ne vous ay ie
pas preparé vne retraite affeurée dans mes forterefes? n'ay
ie pas refpandu fur vous de ma main droite toutes fortes de*

*biens, & empesché de ma main gauche toutes sortes de maux
de vous assaillir?* Il ne cessa de les tourmenter, de les
quereller & iniurier, & de leur tesmoigner son indignation par toutes sortes de marques; eux demeurant muets sans oser ouurir la bouche ny respondre
vn mot, ny luy faire aucune excuse ou remonstran-
ce ; sa cholere s'augmentant tousiours, tant qu'il
pensa estoufer de despit. Il tira mesme son espée de
sa main gauche, sans qu'ils branlassent deuant luy
non plus que des esclaues enchaisnez, & pensa luy
faire seruir leurs gorges de fourreau, & abreuuer de
leur sang le tranchant de son cimeterre. Ils estoient
là tout honteux & tout espouuantez, baissant la teste, & le laissant faire tout ce qu'il luy plairoit. Enfin il modera sa fougue, il appaisa sa cholere, & reuint à luy mesme, ou du moins il fit semblant d'y
estre reuenu. Il remit son espée dans le fourreau
sans auoir frapé personne, & reprenant vn visage
pacifique, sans donner pour l'heure autre ordre à
ses affaires, il descendit de cheual, & fit venir ses
grands Eschecs pour y iouër. Il y auoit auprés de
luy vn nommé Mahomet Cauagin, bien auancé en
ses bonnes graces & fermement estably en sa faueur. Car il le consideroit par dessus tous les Vizirs & l'estimoit au preiudice de quelque Commandeur que ce fust ; ce qu'il disoit, estoit escou-
té ; ses aduis estoient bien receus, ses sentimens
auoient le bonheur d'agréer, & sa façon, de plaire.
Ils s'adresserent donc à luy auec prieres & supplica-
tions, & le coniurerent de prendre le soin de les ti-

rer de cette difficulté, se raportant a luy des moyens. *Soyez pour nous*, luy dirent-ils, *& nous aidez quand ce ne seroit que d'vne parole ou d'vn regard fauorable.* Pratiquez en nostre endroit ce que dit le vers ; aidez de vostre credit celuy qui en a besoin & qui vous en supplie ; les amys sont plus que l'argent. *Où bien ce que dit celuy cy ; le moins que puisse faire vn amy pour vn autre, c'est de le seruir de parole. Ou bien ce que dit cet autre ; i'ay vne affaire qui se peut faire de parole, les plus auares de mes amys m'aideront en cette occasion.* Il leur promit de faire pour eux tout ce qu'il pourroit, & prist à tasche de destourner Tamerlan de ce dessein, dans lequel il s'obstinoit, cherchant occasion de luy en parler & espiant l'heure la plus fauorable. Cependant Tamerlan ne songeoit qu'à l'entreprise du chasteau, il n'auoit point de soucy plus pressant ny d'affaire qui le mit plus en ceruelle. Il se mit à consulter la dessus ses gens, & à leur en demander leurs aduis l'vn apres l'autre. Mais il n'y en auoit pas vn qui osast luy rien dire contre son sentiment, ny faire autre chose, que d'approuuer ce qu'il disoit. Il arriua enfin vn iour à Mahomet Cauagin de prendre la parole, son mal-heur le poussant dans le glissant du passage & le iettant dans le precipice. *Dieu conserue nostre maistre le Commandeur, dit-il, & luy face la grace de sortir tousiours à son honneur de ses plus difficiles entreprises ; mais posons le cas, que nous auons pris cette place apres la perte des plus braues & plus vaillans de nos guerriers ; le profit vaudra-t-il iamais en recompenser le dommage ?* Tamerlan ne l'escouta point dauantage & ne prit pas la peine de luy rien respon-

dre, mais fit venir incontinent vn certain homme
de la Mercaderie, hideux à voir ; car il eſtoit en vn
miſerable eſtat ; nommé Haramalque ; il puoit de
ſueur ; ſon viſage eſtoit tout noir d'immondice ; il
n'y en auoit point de plus ſale, que luy, dans la cui-
ſine, ny de plus infect dans la tuerie des bouchers.
La baue d'vn chien, en la regardant, euſt guery le
mal de cœur, qu'on reſſentoit à la veuë de la craſſe,
dont il eſtoit couuert ; la poix fonduë paroiſſoit du
nouueau lait en comparaiſon de ſa vilaine peau.
Eſtant venu deuant luy, ſitoſt qu'il l'eut enuiſagé, il
commanda, qu'on deſpouillaſt Mahomet Cauagin
de ſes habits, & Haramalque de ſes haillons ; ce qui
fut fait ; puis enſuite il les fit reueſtir tous deux des
accouſtremens, & ceindre de la ceinture, l'vn de
l'autre. Il fit de plus venir les regiſtres & memoires de
Mahomet, & ceux qui auoient la charge de ſes biens,
auec ſes Controoleurs, & apres auoir fait reueuë de
ce qui luy appartenoit de mort & de vif, de croiſſant
& d'arreſté, de meuble & de fond, de fermiers & de
maiſons, de ſuite & de train, tant de l'Arabie que
de la Gageme, de roture & de fief, de iardins & de
terres, d'eſclaues acquis & nés chez luy, de cheuaux & de chameaux, d'equipage & de bagage, iuſques à ſes femmes & à ſes concubines, ſes pages &
ſes demoiſelles, il donna tout à ce vilain. Le iour
de la fortune de Mahomet Cauagin eut ainſi ſa ſoi-
rée & la nuict de ſa miſere l'enuelopa de ſes tenebres.
Tamerlan adiouſta à cela vn ſerment, qu'il fit en ces
termes. Ie iure, dît-il, Dieu & ſes miracles, & ſes pa-

roles, & ſes attributs, & ſa terre, & ſes Cieux, & tous les enfans de ſes merueilles & les fauoris de ſa grandeur, & ſon propre chef & ſa ſubſtance, que ſi qui que ce ſoit boit, ou mange, ou ſe promene, ou fait amitié & alliance auec Mahomet Canagin, où ſe retire chez luy, où l'amene chez ſoy, ou me parle de ſon affaire, & me prie pour luy, o us'employe à me l'excuſer, ie luy en feray autant qu'a luy & le mettray en l'eſtat auquel ie l'ay mis. Il le chaſſa ainſi & le mit dehors apres l'auoir deſpoüillé & mal-traité. Il ſe trouua denué de tout ce qui luy appartenoit, & accablé d'vn ſeul reuers de fortune. Il vit ſes biens entre les mains du plus chetif des hommes, & fut reduit à la miſericorde d'autruy, couuert de ſes haillons, n'ayant plus quoy que ce fût en ſa poſſeſſion. Son cœur fut ſecoué dans ſes entrailles d'vne eſtrange maniere. Il demeura en cette affliction, abbreuué de continuelles amertumes, & enuelopé de la noirceur d'vne triſteſſe inconſolable, ſon auanture n'eſtant pas eloignée de celle de Cagab fils de Malique. Les horreurs de la mort luy euſſent eſté agreables en cet eſtat, il euſt voulu tous les iours eſtre au dernier moment de ſa vie. Vn ſeul regard de trauers des yeux de ce Tyran luy eſtoit plus ſenſible, que mille coups d'eſpée. Apres la mort de Tamerlan, Chalile Sultan le retira de cette miſere, & luy rendit tout ce que ſon Grand-pere luy auoit oſté.

V. Entre autres marques de ſa grandeur & du haut & ſuperbe rang, où il eſtoit eleué audeſſus des autres hommes; les Princes des nations & Sultans des pays, apres auoir eu l'honneur d'eſtre nommez

dans les Harangues, & la prerogatiue de faire battre
mónoye à leur coin; apres auoir iouy des droits de la
fouueraineté & gouuerné leurs Eſtats d'vne puiſſance abſoluë & independante ; comme le Sieur Ibrahim Seigneur des Prouinces de Seroüane , le Sieur
Gali fils du Tufois Sultan des gouuernemens de
Chorafane ; Eſphandiar le Romain , le Prince de
Querman, Iacob fils de Galifas Seigneur de Carman
& de Mantafe , Tabartan Commandeur d'Arzan-
gene, les Sultans de Perſe & d'Adrabigene , les Seigneurs de la Dafte , des Chetéens , & de Turqueſtan , les Satrapes de Balchefane , les Gouuerneurs de Mazandrane , & en vn mot les plus
puiſſans Seigneurs d'Iran & de Touran, quand ils
venoient luy rendre leurs hommages & luy offrir
leurs prefens & les gages de leur obeyſſance, demeuroient en poſture de Subiets & de Vaſſaux , enuiron
a la portée de la veuë de ſes pauillons , auec toutes les
marques poſſibles de reſpect & de foufmiſſion; puis
quand il vouloit dire quelque chofe à quelcun
d'eux , il enuoyoit vers luy vn homme de ſa Cham-
bre ou quelque autre de ſes valets. On reſpectoit ce
meſſager, quand il approchoit, comme vn Ambaf-
fadeur venant de ſa part ; auſſi ne prenoit il pas la
peine de venir tout pres; il ſe contentoit d'appeller
celuy, a qui il en auoit, de loing , par ſon nom, *hé
vntel.* Auſſi toſt, celuy qui s'entendoit nommer, ſe
leuoit & reſpondoit, *ie ſuis à vous incontinent , ie m'en
vais*, & partoit en meſme temps trebufchant dans les
replis de ſa robe , alloit humblement receuoir ſes

commandemens & se presenter sans dire mot, prest
d'executer ses ordres en toute soumission, escoutant
attentiuement ce qu'il luy disoit, comme estant bien
honoré de la qualité de son seruiteur & de son do-
mestique, & prenoit ensuite grand soing d'executer
ce qui luy auoit esté enchargé. On raconte aussi à
ce propos ce qui s'ensuit. Quelques vns de son armée, dit-on, iouant au Trictrac, diuisez en deux
partis, eurent different sur les points des dez. Sur
quoy l'vn d'eux se prit à dire; *par la teste du Comman-*
deur Tamerlan il y auoit tel point à l'vn des dez, & tel
point à l'autre. A ces mots sa partie aduerse leue la
main, luy applique vn souflet, & le charge d'iniures, d'opprobres, & de maledictions, comme s'il eust
decollé Iehan fils de Zacharie auec vne scie, ou re-
nié Mahomet, ou maintenu Moyse pour souuerain
Legislateur du monde. *Comment, dît-il, infame fils*
de Ribaude, ton impudence en vient iusques à prononcer là
dessus le nom du Cõmandeur Tamerlan! t'apartient il seule-
mēt de poser ta machoire pour luy seruir de marche pied, bien
loing de iurer par son chef? sçaches, que ce n'est pas à des gens
faits comme toy ny comme moy, de prononcer son nom, ny
de parler de ses tiltres & qualités. Il est au deßus de Cichef-
rou, de Cicaouse, & de Ciquebade, qui ont conquis les
Oriens & les Occidens; il est plus que Nabuchodonozor &
que Sedade.

VI. On dit, qu'vn iour, luy ayant pris fantaisie
d'aller à la chasse, il enuoya de tous costez, comme
c'est la coustume, des compagnies de soldats & de
gens d'armes, & ordonna, que les paysans de cette

contrée

contrée & les habitans des villages & de la campagne de là autour euſſent à ſe reſpandre par les vallées
& par les collines, puis quand les beſtes fauues ſeroient enuironnées de toutes parts de ch ſſeurs, &
chacun en eſtat de les pourſuiure à coups de iaue-
lots ou de les aſſommer dans les toiles, que perſonne ne ſe miſt pas en fait d'agir de la ſorte frapant ou
tuant quoy que ce fuſt, mais qu'on ſe contentaſt de
chaſſer ſa proye deuant ſoy auec bruit, afin de ramaſſer tout ce qu'il y auoit dans la campagne cir-
conuoiſine, au milieu du champ deſtiné à cet exercice. On executa ponctuellement ſes ordres. Quand
donc toutes ces troupes furent rangées comme vne
haye eſpaiſſe, enuironnant de toutes parts les beſtes
ſauuages, & les enfermant comme en vn parc, elles
commencerent à ſe demener par tout cet eſpace ſans
pouuoir trouuer aucun paſſage pour en ſortir. On
les voyoit courir ça & là, allant & venant, & tournant tantoſt d'vn coſté, tantoſt d'vn autre, eſmeuës
& effarouchées d'abord, ſans s'arreſter en place;
mais enſuite, apres s'eſtre bien promenées & tour-
mentées, & auoir paſſé leurs fougues & leurs furies à
loiſir, elles commencerent à s'appaiſer & à n'aller
plus ſi viſte. Le champ leur eſtreciſſoit touſiours, &
leurs promenoirs, qui eſtoient auparauant ſans bornes & ſans limites, s'amoindriſſoient & reſſerroient
continuellement. *Voicy donc les beſtes aſſemblées.* Comme elles eſtoient en cet eſtat, deſia ſaiſies d'eſpouuante pluſque iamais elles l'euſſent eſté, il commanda, qu'on batiſt les Tambours de tous coſtez &

qu'on fonnaft de toutes fortes de Trompetes & de Cors. Cela s'eftant fait, auec vn grand cry general de toute la troupe adioufté au fon des inftrumens, le bruit fut fi extraordinaire, que tout le pays en retentiffoit & la terre en trembloit. Les beftes oyant ce grand tumulte, & fe voyant en vn eftat, où elles ne s'eftoient iamais veuës, furent accablées de tel effroy, que les forces leur manquant & les iambes leur tremblant, à peine pouuoient elles fe remuer & changer de place; puis fe remettant aucunement, elles commécerent à s'approcher les vnes des autres & à s'affembler pefle-mefle fans diftinction d'efpeces, comme fi c'euft efté le iour de la refurrection; elles entroient mefme dans les tanieres les vnes des autres, & fe repofoient où elles fe rencontroient. Le Taureau s'accoftoit de la Lyone, le Lyon fe couchoit aupres de la Cheure fauuage, le Loup fe cachoit au milieu des Daims, le Renard fe refugioit dans le terrier du Lapin, l'Auftruche fe retiroit aupres des Boucs montagnarts, le Lieure s'approchoit de l'Aigle noir, le Lezard Arabique du Loutre, & la Taupe du Corbeau. Les chofes eftant en cette difpofition, il fit auancer les enfans, tant les fiens, que ceux des Commandeurs, & de fes amys, auec ordre de frapper, d'affommer, & de tuer tout ce qu'ils pourroient, comme il leur plairoit, fans rien craindre. Il les confideroit cependant, prenant grand plaifir à les voir faire & riant à gorge defployée. Il les excitoit & encourageoit, leur monftrant comme il falloit fraper & tirer; & les enhardiffoit par ce moyen à faire apres la chaffe aux grands guerriers dans les champs de bataille. Les Gouiats, qui fuiuoient les gens de guerre, fe mirent enfuite à affembler ce qu'ils auoient tué, & à acheuer ce qu'ils auoient eftropié. Il fembloit, que ce brigand citoit & chantoit ce que dit le vers; *les Princes font la chaffe aux Lieures & aux Renards, mais moy, quand ie monte à cheual, c'eft pour la faire aux Heros des batailles.*

VII. On luy aportoit les Balchoifes, de Balchefane; les Turquoifes, de Nifabure, de Cazeron, & des minieres de Chorafane; les Iacintes, de l'Inde, les Diamans, du mefme pays & de la Sinde; les Perles; d'Ormuz; le Veloux, les Fourrures, le Iafpe, le Mufc, & autres chofes, du pays des Chetéens; & de tous les climats de la terre, l'elite de l'or & de l'argent. Il fit dreffer dans Samercand des Iardins les plus beaux du monde, & baftir des Palais les plus magnifiques qu'il fe pouuoit. La ftructure en eftoit enrichie de l'ordre le plus exquis & plus extraordinaire, & les fondemens affermis de la plus admirable & plus auantageufe fituation; les plus nobles & plus excellens fruicts croiffoient en abondance dans les vergers. L'vn d'eux fe nommoit le Iardin d'Aram; l'autre, la Beauté du monde; l'autre, le Verger du Paradis; l'autre, le Iardin du Nort; & l'autre, le Parc d'enhaut. Il fit depuis demolir Mefre, & rebaftir vn Palais dans chacun de fes iardins. Il fit auffi reprefenter fes affemblées dans quelques vns de ces Palais, & faire des Portraits de fa perfonne en diuerfes poftures & en diuers eftats, les vns rians, les autres

refroignés. Il y fit pareillement faire ses combats &
ses batailles , & ses entretiens auec les Princes , les
Commandeurs, les Seigneurs, les Docteurs , & les
grands des peuples ; les hommages, que les Sultans
luy rendoient, & leurs arriuées vers luy auec des presens de tous les cantons de la terre ; ses stratagemes
& ses embuscades ; ses auantures dans les Indes, dans
la Daste, dans la Gageme ; la maniere de ses victoires,
& de quelle façon son ennemy auoit pris la fuite &
s'estoit mis en deroute ; les Portraits de ses fils, de ses
petits fils, de ses Commandeurs, de ses gens de guerre ; ses assemblées de resiouyssance , ses festins, ses
ieux, ses passetemps, ses amours ; ses fauoris, ses alliez,
& meilleurs amys, & tout le reste de ce qui luy estoit
suruenu de nouueau & extraordinaire dans les Prouinces pendant le cours de sa vie si feconde en merueilles & si remplie de raretés, n'employant en tout
cela rien , qui ne fust effectiuement arriué , sans y
adiouster, ny diminuer. Il pretendoit par là faire
cognoistre ses auantures à ceux qui n'y auoient pas
esté presens , comme s'ils les eussent veuës de leurs
yeux. Quand il faisoit voyage , & laissoit Samercand vuide de ses estafiers & Satellites de Satan, ces
iardins n'estant occupés de personne, les Bourgeois
de la ville alloient se promener dedans, pauures &
riches. Il n'estoit point de seiour plus agreable,
mieux assorty de toutes sortes d'ornemens, ny mieux
fortifié pour la seureté. Pour les bons fruits, qui y
croissoient, ils estoient au public, sans qu'il s'en ven-
dist pour vn liard. Il fit aussi bastir aux enuirons de

Samercand & dans ses ressorts, de petites villes, aus-
quelles il donnoit les noms des Metropolitaine, &
Capitales des Royaumes, comme Mesre, Damas,
Bagded, Sultanie, Siraze, & autres ornemens du
monde. Il fit entre autres dresser vn iardin dans les
auenuës de Samercand sur le chemin de la Casse, &
bastir dedans vn chasteau, qu'il nomma Tachero.
Crage, où l'on dit, qu'vn de ceux qui estoient em-
ployez à eleuer ce bastiment, ayant egaré vn cheual, il demeura six mois paissant dans l'enclos du
parc, sans qu'on le rencontrast.

VIII.	Quant à ses femmes, il auoit la Grande
Reyne, qui estoit la plus considerable & la plus ac-
complie; & la Petite Reyne, qui estoit la plus belle
& la plus agreable, toutes deux de la maison des
Princes Chetéens; & Toumane fille du Commandeur Moyse Commandeur de Nechaseb cy deuant
mentioné au commencement du Liure; & Gelbane,
qui estoit, comme la Lune en sa pleineur, & le Soleil
auant son coucher; il la fit cependant mourir de son
viuant pour vn crime, qu'on luy auoit rapporté d'elle, quoy qu'il ne fust pas bien aueré; mais on le luy
auoit fait croire. Ie pense pourtant, que celle cy n'e-
stoit que de ses Concubines. Pour des Maistresses
& des Concubines, il en auoit tant, qu'on ne peut
pas les nombrer.	Les deux Reynes cy dessus nom-
mées furent empoisonnées toutes deux par Sadomalque, craignant qu'elles ne luy desbauchassent
son Chalile. Toumane fut enuoyée par Chalile Sultan à Siche Nouroldin à Segnac, comme nous auons

dit, & depuis elle reuint à Samercand. On m'a dit
depuis peu, qu'elle est presentement, ie veux dire en
l'an huict cens quarante, en resolution de faire le
voyage de la Mecque; Dieu scait ce qui en est. Pour
ses enfans, ceux qui luy ont suruescu sortis de luy
immediatement, sont Amiransa, qui a depuis esté
tué par Crojoseph ; & Sarachi, qui tient presentement l'Empire ; & vne fille nommée Sultanbachete,
femme de Selimanosas, qui estoit d'vne humeur
masle, & qui n'aimoit point les hommes, particulierement depuis que les Dames de Bagded l'eurent
corrompuë, estant venuës à Samercand. On conte
d'elle plusieurs histoires à son desauantage. La pluspart de ses petits fils sont morts sans enfans, excepté les fils de Sarachi, & entre autres Aulougobic
presentement gouuerneur de Samercand, Ibrahim
Sultan gouuerneur de Siraze, & Baye Sancar gouuerneur de Carman, tous deux morts en l'an huict
cens trente neuf; & Geuci, qui est celuy, qui a marché contre Alexandre fils de Crajoseph, & qui a
dissipé ses menées apres la mort de Crabluque, en
l'an huict cens trente neuf, sur la fin duquel il est
mort aussi. Ses Commandeurs & ses Vizirs sont
innombrables; il a esté parlé des Principaux par tout
ce Liure. Les Maistres de ses Comptes estoient le
sieur Mechamude fils du Sahab, qui estoit d'Aric,
Masgude le Semnanien, Mahomet le Saguerageois,
Tageoldin le Selmanien, Galaldule, Achamed le
Tusois, & d'autres encore. Le Surintendant de ses
deux Diuans, qui est comme qui diroit son Secretai-

re, c'eſtoit Noſtre Maiſtre Samſoldin qui luy diſpu-
toit ſa fortune, & encheriſſoit ſur ſon bien-dire, tant
en Perſan qu'en Arabe, diſpoſant des affaires, qui
ſuruenoient de nouueau, comme il vouloit. La pointe de ſa plume faiſoit plus de cóqueſtes, que celle de
l'eſpée de ſon maiſtre. Apres la mort de Tamerlan,
il ſe retira & renonça aux affaires. *Vous auez*, luy
dît-on, rangé l'armée, n'aſſiſterez vous point à la bataille?
vous auez diſpoſé l'aſſemblée, ne ſerez vous point de l'entre-
tien? celuy, dît-il, qui cognoiſſoit ce que ie valois, eſt par-
ty; ie n'effaceray point les derniers traits du tableau de ma
gloire en ſeruant vn autre. Son Prelat fut Gabdolgebar fils du Negaman le Mugtazelien. Les plus ſça-
uans de ſa court eſtoient Noſtre Maiſtre Catabol-
din, le Sieur Gabdolmelic, & ſon couſin Germain
le Sieur Gabdolaual, & d'autres. Le Lecteur de ſes
Hiſtoires & Annales c'eſtoit Noſtre Maiſtre Gue-
bide. Ses Medecins furent Phedlolle, & Gemaloldin auparauant Prince des Medecins en Syrie, &
d'autres. Il vſoit continuellement des Confections
de Pierreries, & en l'âge où il eſtoit, il depucelloit
encore des filles. Les noms de ſes Aſtrologues ne
me vienent pas preſentement en penſée.

IX. Il y eut de ſon temps à Samercand pour Iu-
riſconſultes, Noſtre Maiſtre Gabdolmelic, qui
eſtoit des enfans du Directeur. Il enſeignoit la ieu-
neſſe, monſtroit le ieu des Eſchecs & du Trictrac,
& faiſoit le Poëme d'vne ſeule maniere. Negama-
noldin le Chouuarzamois, pere de Gabdolgebar cy-
deuant mentionné, qu'on ſurnommoit le Second

Negaman ; il eſtoit aueugle ; le Sieur Gobdolaual couſin Germain de Noſtre Maiſtre Gabdolmelic, qui a tenu la Principauté dans le pays de delà la Riuiere apres ſon couſin ; & Noſtre Maiſtre Gaſamoldin fils de Gabdolmelic , qui la tient preſentement apres ſon couſin Gabdolaual. Pour Verificateurs , il y auoit Noſtre Maiſtre Sagadoldin le Taphtazanois, qui mourut au mois Mucharram de l'an ſept cens quatre vingts onze à Samercand, & le Seigneur le Scriphe Mahomet de Gergene , qui eſt mort à Siraze. Pour Docteurs des Dicts & des Faits , le Sieur Samſoldin Mahomet fils du Gezarois , qu'il priſt dans le pays Romain , où il s'eſtoit auparauant enfuy d'Egypte , apres y eſtre venu des pays de Syrie auant les afflictions publiques ; il eſt mort à Siraze. Le Sieur Eminent, l'Interprete, le Gardien, le Docteur des Dits & des faits , Mahomet le Zahid, le Boucharois, qui a commenté le precieux Alcoran en cent volumes. Il eſt mort à la Medine du Prophete , auquel Dieu face paix & miſericorde, en l'an huict cens vingt-deux. Pour les Lecteurs , les deux dernierement nommés en eſtoient , & Noſtre Maiſtre Phacheroldin , & du nombre des Gardiens de l'Alcoran , qui liſoient le mieux & d'vne voix plus auantageuſe, Gabdolletife le Dameganois , & Noſtre Maiſtre Aſad, le Scriphe, le Gardien, le Chaſinite, & Mechamude le Bruſleur le Chouuarzamois, & Gabdolcadere le Meragois le Grand maiſtre en Muſique. Pour Preſcheurs & Diſcoureurs , Noſtre Maiſtre Achamed fils de Samſolaïmme, de Saraye,
                                                                          qu'on

qu'on appelloit le Pere d'eloquence en Arabe, en
Perfan., & en Turc. Il eftoit le miracle de fon temps.
Noftre Maiftre Achamed de Termad , & Noftre
Maiftre Manfor le Caganois. Pour excellens Efcri-
uains, le Seigneur le Cherate fils de Bendecire , &
Gabdolcadere cy deffus nommé , & Tageoldin le
Selmanien , & d'autres. Pour les Aftrologues, qui
parurent de fon temps , ie ne fcay pas leurs noms,
excepté de Noftre Maiftre Achamed , Medecin de
fa premiere profeffion , faifeur d'Ephemerides, dont
il m'a dit en auoir fait pour deux cens ans , & ce en
l'an huict cens huict. Pour Orfeures , le Chage Gali
de Siraze , & le Chage Mahomet le Gardien , de Siraze , & d'autres. Pour les Lapidaires, il y en auoit
grande quantité , & entre autres Alton vnique en
fon efpece , qui grauoit les Chatons des Bagues &
Burinoit le Iafpe & la Cornaline , à la Iezdiene,
mieux que Iacut. Pour Ioüeurs d'Efchecs, il y auoit
Mahomet fils de Gaquile le Chimois, & Zine le Iez-
dien, & d'autres ; mais le grand maiftre c'eftoit Galaldin de Tabrize le Iurifconfulte , Docteur des Dits
& des Faits, qui donnoit vn Pion à Zine, & vn Che-
ualier au fils de Gaquile, & les gaignoit. Tamerlan,
qui auoit couru toute la terre en Orient & en Occident, furmontant les Princes dans tous fes combats, & leur donnant Efchec & Mat auffi bien fur
l'Efchiquier que dans le Champ de Bataille, luy en
parloit en ces termes. *Vous eftes l'vnique pour le ieu
des Efchecs, comme ie le fuis pour le gouuernement des peuples;
nous fommes, Noftre Maiftre Galifiche & moy, tous deux*

les incomparables , chacun en son espece , nous ne trouuons point nostre pareil. Il auoit en ce Ieu vne science & vne adresse toute particuliere , sans que personne peust deuiner sa pensée en ioüant auec luy , auant qu'il eust fait son coup. Il estoit Iurisconsulte Sapheguien, Docteur des Dits & des faits Arichien , homme de bonne humeur & franc en ses discours. Il m'a conté autrefois, qu'il auoit veu en songe le Commandeur des Fidelles Gali, Dieu le fauorise , qui luy bailloit les Eschecs dans vn sac, & que depuis cela personne ne l'auoit peu gaigner. Il auoit en son ieu cette perfection entre autres , de ne point songer ; si tost que sa partie auoit ioüé apres vne longue meditation & deliberation , il remuoit incontinent sa piece sans faire attendre. Il ioüoit , sans voir , deux parties , & conduisoit toutes les deux , en poussant contre celuy qui luy estoit present. Ils joüoient luy & le Commandeur aux Grands Eschecs. I'ay veu chez luy vn Eschiquier Rond & vn autre Long. Il y a d'adjousté aux Grands Eschecs ce que nous auons dit cy deuant. On les aprend beaucoup mieux par exercice, que par preceptes ; car il n'y a pas grand profit à en entendre discourir. Pour Maistres de danse , Gabdolcadere le Meragois cy-deuant nommé, & son fils Saphildin , & son Gendre Nesrin , & Catab le Mouselois , & Ardesire le Gencien , & d'autres. Pour les Peintres & Sculpteurs. il y en auoit beaucoup ; le plus consideré estoit Gabdolchi le Bagdedois, incomparable en sa maniere , miracle de son temps. Pour Arboristes, Schaboldin Achamed le Zardeca-

sien.   Pour les Ouuriers en verre & en bronze & autres semblables , il y en auoit vne infinité. Tous
ceux-cy estoient chacun la merueille de leur siecle;
de faire des descriptions en particulier de leurs per-
fections auec vn discours proportionné à son subjet,
ce seroit vouloir remplir le monde de grosses perles
d'elite & de colliers d'or fin.   Ce sont icy ceux dont
i'ay eu cognoissance, & qui me sont venus en pensée; ceux que ie n'ay pas cogneus , ou que i'ay cogneus, mais dont ie ne me suis pas presentement sou-
uenu, sont en si grand nombre, qu'il n'est pas possible d'en faire la liste ny de les compter exactement.
En vn mot, Tamerlan auoit fait vn bouquet des plus
belles fleurs de tous les parterres , & ramassé dans
Samercand les fruits les plus exquis de chaque espece. Les hommes les plus admirables, plus excellens
& plus extraordinaires en chaque art & profession
s'y rencontroient; tous ceux qui seruoient d'vne il-
lustre marque à leur siecle, qui paroissoient audessus
de leurs semblables, & estoient l'honneur de leurs
ordres.

X.   Il s'est trouué vn homme à Samercand, appellé Siche le Gariã, pauure, & fort âgé, mais de bonne mine & de bon courage. Il auoit, dit-on , suiuant
le bruit commun & cogneu des grands & des petis,
trois cens cinquante ans , quoy qu'il fust haut &
droit en sa taille, & de tres bon visage. Les vieillards
decrepites & le plus âgés de ce temps là tesmoi-
gnoient l'auoir veu estant enfans, au mesme estat,
qu'ils le voyoient alors, & en auoir ouy dire autant à

E   ij

leurs Grands-peres & aux Vieillards de leur temps, qui difoient encore en auoir autant apris de ceux de deuant eux.   Il eftoit noiraut, fort & robufte extra-ordinairement, fibien que ceux qui le voyoient, s'imaginoient, qu'il n'eftoit pas encore au plus fort de fon âge ; car il n'auoit aucune ride ny autre marque de vieilleffe au vifage.   Les Commandeurs, les Seigneurs, & les plus grands & plus confiderables du pays l'alloient vifiter par curiofité , & tenoient à bonheur de l'auoir veu, luy demandant mefme la benediction de fa priere.

Il y a à Samercand vn Mofquée, nómé le Mofquée du Lié, qui resjouyt ceux, qui y entrent, & les met en guayeté & en bóne humeur. On dit que l'vn de ceux, qui le faifoient baftir , eftoit vn bien aimé de Dieu, nómé le Sieur Zacharie, l'oracle de ces pays. On l'alloit vifiter en vn lieu celebre fur vn certain tertre, & l'on croit encore, que les prieres qui s'y font aupres de fon fepulchre, font pluftoft exaucées, qu'ailleurs. C'eft à enuiron vne iournée de Samercand.   Il y a là beaucoup de particularités confiderables, & c'eft vne des plus renommées Stations de ces quartiers là.   Il eft fitué fur vne eminence contenant vne plaine, où il y a des Iardins femblables à ceux du Paradis, efcarpée de tous coftés, comme fi ceftoit vne piece retranchée du Sanctuaire.   On raconte, que pendant qu'il faifoit trauailler à ce baftiment , il luy tomba fur le front vne goute de mortier qui fut remarquée par vn des Manœuures , & qui y demeura depuis en mefme eftat enuiron trois iours. Comme ils furent prefts de pofer le Siege du Prelat, il y eut conteftation entre eux fur la place , où il le falloit mettre pour le mieux , & cela ne fe paffa pas fans beaucoup de bruit & de tumulte. Le Sieur Zacharie en ordonna, difant; *mettez le Siege du Prelat fur cette eminence , & ne l'en tirez ny à droite ny à gauche.* Sur quoy ce Manœuure fe prift à dire à celuy qui eftoit proche de luy. *C'eft, dift-il, vne chofe bien merueilleufe & tout à fait eftrange, qu'vn homme, qui n'a laué fa face de trois iours, regle le monde dans les affaires de la religion Muffulmane !* Cet auftere & religieux feruiteur de Dieu repliqua à cela. *Ouy, ie fuis, dift il, vn homme du nombre de ceux, qui n'ont pas fait vne feule fois la Sacrée Lotion depuis trois iours; mais vien. ça vn peu, incredule, ne bouge de là, & affermis ton cœur, & ne fois pas de ceux qui ont denié & tourné le dos. Regarde l'Epoux de derriere le Voile, comme il a paru.* Cet incredule donc regarda, & voicy que le Temple Quarré marchoit auguftement deuant luy. Ils tournerent enfuite la veuë vers le Sieur Zacharie, & il n'y eftoit plus. Ils le cherche-rent par tout où ils peurent , & ne le trouuerent point.

Il y a dans ce Mofquée vne chofe merueilleufe; c'eft vn grand nombre de Colonnes de bois, & en-tre autres vne d'enuiron quinze coudées de haut, & tellement groffe, qu'vn homme ne peut pas l'em-braffer; car pour les autres, vn homme les embraffe. On dit, que celle cy eft d'vn Arbre à Coton, & elle a vne proprieté belle, admirable, & extraordinaire. Vne perfonne qui a mal aux dens, n'a qu'à prendre

la quantité d'vn grain de ce Bois à Coton, & le mettre fur fa dent ; il fe fent auffi-toft foulagé, & fa douleur s'appaife fur le champ. Ie l'ay efprouué, & trouué veritable. On s'enquefte à ceux, qui fe difent
auoir efté à Samercand, de ce qu'ils y ont veu de
beau & de remarquable pour fa rareté. S'ils difent,
qu'ils ont veu cette admirable Colomne, on croit
qu'ils y ont efté en effect, & leurs difcours paffent
pour veritables ; finon, l'on prend ce qu'ils difent
pour des fables & des fonges.

Il n'y a point à Samercand de mefure certaine &
eftablie publiquement, comme vn Muy, ou vn Boif-
feau, & l'on n'y compte point ainfi la quantité des
denrées ; ils pefent tout, & ne parlent que de poids.
La Liure de Samercand contient quarante onces,
dont chacune eft de cent Gros, fibien que chaque
Liure eft de quatre mille Gros, le Gros eftant d'vne
Dragme & demye Arabique, ny plus ny moins. Ainfi vne de leurs Liures en contient dix de Damas.

XI. Il m'a efté raconté par Noftre Maiftre Mechamude le Gardié, le Brufleur, le Chouuarzamois,
furnommé le Brufleur, parce que les accens de fa
voix dans la Sacrée Lecture eftoient fi penetrans &
fi fubtils, qu'ils atteignoient & frapoient au vif les
plus infenfibles, fans y manquer ; quand ils venoient
à donner contre les rochers des cœurs endurcis, c'e-
ftoit comme vn fufil, qui donne contre la pierre ; ils
faifoient fortir vne eftincelle, qui mettoit le feu aux
efprits, & enflammoit les ames d'vne fainte ardeur.
Tamerlan, me difoit il, *m'ayant obligé de l'accompagner*

en vn de ses Voyages, i'estois iour & nuict aupres de sa personne, assidu à luy rendre seruice.   Il fist arrester ses troupes deuant vn certain Chasteau pour l'assieger, & mettre sa
tente sur vne eminence, afin de les regarder de là combatre
& d'auoir la satisfaction de les voir faire. Vn iour i'estois
àupres de luy auec deux autres hommes, vne fieure l'ayant
saisi, causée par le soucy & par l'inquietude, qu'il auoit pris
auparauant. Cependant ses gens se batoient fortement ; &
le choc estoit en sa plus grande vigueur. Il fut curieux de
voir ce qu'ils faisoient, & d'estre luy mesme spectateur de
leurs actions ; & il n'y eut pas moyen de luy oster cette fantaisie. Portez moy, dist-il, à l'entrée de la tente. Les deux
hommes le prindrent par dessous les bras, & le tinrent debout
à l'entrée de sa tente, moy demeurant tousiours proche de luy.
Il se mist à considerer le combat, & à remarquer les coups, qui
se donnoient. Il luy prist ensuite enuie de leur mander quelque
chose. Aprochez vous de moy, me dist-il, Mechamude. Ie
m'approcheray aussi tost, & me mis soubs vn de ses bras,
puis il enuoya l'vn des deux hommes à ses gens pour leur dire
ce qu'il desiroit. Il ne se contenta pas de cela dans l'inquietude, que luy donnoient ses affaires & sa maladie. Laissez
moy là, nous dist-il, & me couchez par terre. Nous le lais-
sasmes aller tout doucement, & il tomba comme vne vieille
corde ou comme vn morceau de chair sur l'estal. Apres cela il
enuoya encore l'autre homme vers eux, pour leur faire sçauoir ce qu'il auoit resolu depuis, si bien que ie demeuray seul
aupres de luy, sans qu'il y eust là personne que nous deux. Or
ça, me dist-il alors, Nostre Maistre Mechamude, considerez ma foiblesse & le peu de pouuoir que i'ay. Ie n'ay ny main
pour agir, ny pied pour marcher. Si l'on m'attaquoit, ie ne

*me pourrois defendre; ſi l'on m'abandonnoit en l'eſtat où ie
ſuis, ie demeurerois comme dans vn piege, ſans pouuoir m'aider moy meſme en aucune façon, ny me procurer aucun bien,
ny me guarantir d'aucun mal. Et cependant voyez, comme
le Grand Dieu tout puiſſant a aſſuieti les peuples à mon
obeyſſance, me donnant entrée dans les lieux les plus inacceſſibles, rempliſſant toute la terre de la terreur de mon nom depuis l'Orient iuſques à l'Occident, me faiſant reſpecter par
les Princes & les Seigneurs, & humiliant deuant moy les
Coſroès & les Ceſars! Ces ouurages ſont ils d'autre ouurier
que de luy? ces actions procedent elles d'autre main, que de
la ſiene? qui ſuis-ie, ſinon vn pauure miſerable, ſans pouuoir
& ſans induſtrie capables de ces grands exploits? A ces mots
les larmes luy vinrent aux yeux, & ie ne me peux tenir moy
meſme de pleurer, ſibien que ie moüillay toutes mes manches.*
Voyez, comme cet impie fut luy meſme reduit à
faire ſur ſa vie en ce diſcours les reflexions des plus
graues cenſeurs! Il ſe dit à ce propos deux vers en
Perſan, que i'ay tournez en deux autres Arabes. *Sa
prouidence, diſent-ils, par vn ſecret reſſort de ſa ſageſſe, à
releué en vn Prince l'extreme baſſeſſe eſcheuë en ſon partage.
Il n'a point de main, & ſon anneau maintient l'eſtat; il n'a
point de pied, & il marche deuant les autres.*

XII. Ses Soldats & ſes Gens de guerre eſtoient
dans leurs façons de faire & dans leurs moyens de
viure auſſi hazardeux & auſſi induſtrieux, que leur
General. Ils s'auançoient par des chemins, qu'ils ne
cognoiſſoient point, & trouuoient dequoy là ou
l'on n'euſt pas penſé à en chercher. Les cachetes les
plus deſtournées, ſe rencontroient deuant eux, les

threſors

Thresors les plus resserrés se descouuroient à eux, les choses les plus difficiles leur estoient aisées. Il's alloient vagabons de tous les costés, & courroient où il y auoit quelque chose à prendre, plus droit, que s'ils eussent suiuy vn grand chemin. Ils auoient l'v sage des choses, & cognoissoient tout par vne longue experience, ayant couru toutes sortes de hazards. Ils estoient endurcis au mal, & auoient amolli les plus dures incommodités à force de les manier. Ils auoient esprouué toutes sortes de gens & d'auátures, recognu les entrées & les sorties de toutes sortes d'affaires, monté & descendu toutes sortes de degrés. Il n'y auoit accident si impreueu, qui les surprist, ny homme si rusé, qui les peust tromper. Quelquefois en passant dans des deserts & de vastes solitudes, *où les Lieures mesme*, dit le vers, *n'osoient se promener, & les Lezards ne trouuoient pas leur retraite*, quelqu'vn d'eux s'arrestoit tout court, & consideroit la terre attentiuement sans partir de la place, puis disoit en luy mesme, *il y a icy quelque chose d'extraordinaire*. Il descendoit ensuite de dessus sa beste, & prenant de cette terre, la portoit à son nez, & en flairoit l'odeur, puis se tournant de tous les quatre costés l'vn apres l'autre, il en chosissoit vn, & riroit là, ne cessant de marcher luy & ceux qui l'accompagnoient, iusques à ce qu'ils fussent arriuez en quelque lieu, qu'ils fouïssoient & riroient dehors ce qu'il y auoit de caché & enfermé de biens & de prouisions. De mesme quand ils arriuoient en des lieux habités où passoient par dedans des ruines, ils al-

loient droict trouuer ce qui eſtoit caché là dedans,
comme s'ils l'y euſſent mis auparauant de leurs propres mains, ou ſi leurs Diables familiers le leur euſſent enſeigné. Quelquesfois ils venoient en des
lieux, où les habitans auoient demeuré long temps
& paſſé pluſieurs mois & années ſans s'eſtre aper-
ceus, qu'il y euſt rien de caché ny retiré ; & cependant auſſi toſt qu'ils eſtoient arriuez, la cachete leur
eſtoit deſcouuerte, & tout ce qu'il y auoit dedans
paroiſſoit à leurs yeux ; les habitans voyant cela ſe
mangeoient les mains de regret & de deſpit. Ils
auoient des inuentions merueilleuſes, & des viſées,
qui ne manquoient point de donner droit au but. Ils
faiſoient porter la ſomme aux Bœufs, & les mon-
toient eux meſmes, comme des Cheuaux ; ils donnoient la ſelle & la bride aux aſnes, & auec cela ils
eſtoient plutoſt arriuez aux villages, qu'ils auoient à
piller, que ceux qui auoient des cheuaux d'Arabie, &
ne manquoient point à leur butin. Ils faiſoient manger aux chameaux la chair des chiés & des Beliers, &
donnoient aux cheuaux, au lieu d'orge, du bled, du
riz, du panic, des raiſins ſecs, des lentilles. Quelquefois tout cela leur manquant ſur le chemin, ils
repaiſſoient leurs beſtes d'eſcorces d'Arbres.

Le Cadi Berhanoldin Ibrahim le Cuſe le Cheni-
fien, cy deuant mentioné, Dieu luy face miſericorde, m'a conté, que quand Cazan & les Tartares vinrent en ces pays icy, ceux qui peurent prendre la fuite, ſe retirerent de bonne heure pour euiter le mal,
comme l'on fiſt auſſi à la venuë de Tamerlan. *Il y*

auoit entre autres, me difoit-il , vn marchand dans la Sa-
lichiene , accommodé, & qui viuoit à fon aife, ayant beaucoup de bien.   En cette occafion il amaffa ce qu'il auoit de
meilleur meuble mort, & l'enferma dans vn coffre de fer,
puis s'en alla à vn egout plein d'eau , & fouyffant deffous, y
enterra ce coffre, remettant en fuite les chofes en leur eftat par
deffus, & faifant paffer l'eau par dedans l'egout comme auparauant.   Le mal'heur eftant proche d'arriuer , & leurs beftes toutes preftes pour monter & s'enfuir, nous auons, luy
dift fa femme, oublié à ferrer mes pendans d'oreille, ie crains
de les perdre en chemin, voyez vn peu à les mettre en quelque
lieu, afin que nous n'en ayons point de foucy. Ie ne fçaurois
plus à prefent où les mettre, refpondit il ; puis ne laiffant pas de
les prendre, il les alla cacher fur le lambris d'vne fale au haut
d'vne colomne bien trauaillée. Apres cela ils monterent fur
leurs beftes, & gaignerent pays, fe retirant au loing. Apres
que les Tartares furent arriuez à Damas, vne troupe d'eux
s'en alla loger dans cette maifon, & fe mift à boire & manger
& faire grand'chere, fe refiouyffant au milieu des dangers.
Vn iour comme ils eftoient dans leurs guayetés ordinaires, il
arriua qu'vn rat s'eftant mis a ronger vn des pendans d'o-
reilles, en detacha vne des perles qui roula & tomba fur le paué.   Toute la troupe commença à courir deffus à qui l'auroit,
comme s'il fe fuft agi des deux pendans d'oreilles de Marie.
Enfuite de cela ils allerent plus loing, & entrant dans l'egout,
ofterent le deffus de la terre du fond , trouuerent les meubles
tels qu'ils eftoient, enfermés dans le cofre de fer, les emporte-
rent auec la perle & le refte des deux pendans d'oreilles , &
partagerent le tout entre eux. Les gens de Tamerlan n'en
failoient pas moins, que ceux-cy ; il n'y auoit rien de

ſi difficile qu'ils n'en vinſſent à bout; chacun eſtoit comme ſon General, l'incomparable en ſon eſpece. Qui voudroit raconter tous leurs tours, & rapporter toutes leurs Hiſtoires, ce ſeroit comme qui entreprendroit le denombrement des flots de la mer; l'vn ne ſeroit pas plus difficile que l'autre.

On m'a conté, qu'vn de ces ſubtils & induſtrieux d'entr'eux, s'eſtant vn iour auiſé en temps d'Hyuer de ſortir pour ſe recreer à la campagne, & aller à la chaſſe, tira de l'eſcurie ſa monture, qui eſtoit vne vache, luy mit la ſelle, qui eſtoit vn carreau de bois froiſſé, auec vne verge pliée en rond pour eſtrier, & vn bout de corde renoüé pour ſeruir de cengle, equipé au reſte de ſes habits & de ſes armes, c'eſt à dire d'vn morceau de vieille peau veluë pour corſelet, d'vn feutre peinturé taillé en pointe pour turban, de peaux coupées par aiguillettes & aſſemblées d'vne corde auec des haillons collés deſſus pour cuiſſarts, de quelques fleſches tortuës & d'vn arc droit, auec vn Faulcon plumé des gros tuyaux aux ailes, & du poil follet meſme au corps. En cét equipage il monte ſur ſon rouſſin, prend ſon Faulcon ſur le poing, & s'en va à la chaſſe. Il auiſa incontinent vne bande de Cannes qui marchoient à terre ſur le bord d'vn eſtang; il leue le bras auec ſon oyſeau pour les luy faire voir, puis le rabaiſſant le laiſſa aller à terre Le Faulcon s'auance, ſautelant tout doucement afin de ſurprendre les Cannes; car il ne pouuoit pas voler n'ayant point d'ailes dont il puſt s'aider; & s'approchant ainſi au petit pas de ſa proye, qui ne ſe guettoit point de luy, n'atten-

dant du malheur que d'enhaut, il se jette au milieu de
la bande sans qu'elle s'enfuist deuant luy, ny partist
de la place, ny s'aperceust mesme de sa venuë qu'il
n'en eust desia saisi & esgorgé vne : son Maistre ac-
court aussi-tost à luy, & la prend.

Quand ils partirent de Damas, apres l'auoir raua-
gé & secoüé d'vne estrange maniere, vn d'eux ayant
vne vache qu'il auoit pillée, la chargea de ce qu'il
emportoit de butin, fist monter dessus son prison-
nier, & marcha quelque temps en cét equipage. Mais
apres que la vache eut cheminé deux ou trois iours,
elle commença à se lasser, & à crier en son langage
qu'elle n'estoit point faite pour cét exercice; puis ne
trouuant personne qui s'emeust de ses plaintes, & ne
pouuant auoir recours qu'à Dieu, elle se mist à genoux; ils furent alors contrains de la descharger, se
mettant en suite à crier apres elle pour l'obliger de se
releuer; mais ils n'y gagnerent rien; ils luy osterent
mesme son harnois, & luy donnerent plusieurs coups
sans la pouuoir faire remuer. Ils commencerent donc
à la fraper & à la maltraiter vilainement, la saoulant
d'injures & de maledictions. La pauure beste estoit à
genoux, comme leur rendant benediction pour malediction; ils la tourmenterent & batirent tant, qu'ils
la penserent assommer; les vns la tiroient par deuant,
les autres la poussoient par derriere; les vns la pre-
noiét par les cornes, les autres par les oreilles; elle demeuroit immobile, comme l'elephát d'Ebraha: il fallut enfin la laisser là, n'y ayant point d'esperance de la
mener plus loin. Comme ils se resoluoient à cela,

eftant cependant bien empefchez de leur voyage,
voicy venir vn vieillard fans dens, comme fi c’euft
efté vn arbre de Rhamne,qui auoit couru l’Orient &
l’Occident, & experimenté toutes fortes d’affaires,
enduré le chaud & le froid, goufté le doux & l’amer,
connu le bien & le mal: il paffa aupres d’eux jufte-
ment,comme ils eftoient en grande peine. Les voyát
tous defolez & defefperez, ne fçachant à quoy fe refoudre, & yures fans auoir beu; retirez-vous vn peu
d’aupres d’elle, leur dit-il ; puis s’en approchant
comme vn Magicien d’vn demoniaque, il prit vne
poignée de poudre tres-fubtile & deliée, & mettant
la main fur fa corne, la repandit dans fon oreille;puis
fe mit à luy remuer la tefte de cofté & d’autre pour
faire entrer la poudre jufques dans le conduit de
l’oüie. La vache fe releua là-deffus tout d’vn coup,
tafchant à fe defaire de cette poudre, & fecoüant la
tefte auec grand effort & remuëment,marchant malgré qu’on en euft, & allant plus vifte qu’on ne vouloit. Ils luy remirent fon harnois & la rechargerent,
& elle continua fon chemin de plus belle,apres qu’elle n’en pouuoit plus.

Il y auoit dans fon armée des Turcs idolatres, des
Mages barbares adorans le feu, des Deuins, des En-
chanteurs, des Impies, des Infidelles. Les Idolatres
portoient leurs Idoles, les Deuins difcouroient ef-
frontement, mangeant les mourines & le fang refpandu, & ne faifant point de difference entre l’eftrá-
glé & l’efgorgé. Il y auoit des Phyfionomiftes & des
Harufpices, qui regardoient les entrailles des be-

ftes, & jugeoient par ce qu'ils y voyoient de l'eftat de chaque lieu, & de ce qui deuoit arriuer en toutes les contrées des fept climats, de paix & de guerre, de bon temps & de tyrannie, d'abondance & de cherté, de maladie & de fanté, & de tous les autres accidens qui furuiennent, & ne fe trompoient gueres. Ils auoient des iours, des mois, & des ans de remarque, chaque an eftant appellé par eux du nom de certain animal ; ils comptoient ainfi les années paffées, fans rien dire de plus ny de moins contre l'experience.

XIII. Ils ont au pays des Chetéens vne maniere d'Ecriture nommée Delbargin, dont i'ay veu les Lettres au nombre de quarante & vne. La caufe de ce grand nombre eft, qu'ils comptent pour Lettres les marques des plus pleines & des plus deliées prononciations, & de mefme de celles d'entre-deux en plufieurs degrez de differences, ce qui leur en fait beaucoup plus qu'à nous : chaque Lettre cependant eft mobile. Les Gegtéens au contraire ont vne autre façon d'efcrire appellée Auigor, affez connuë parmy ceux qui fçauent efcrire le Mogol, où ils n'employét que quatorze Lettres. Cette diminution & ce fi petit nombre de Lettres, vient de ce qu'ils marquent toutes les Lettres Gutturales d'vne feule & mefme figure, & les prononcent de mefme. Ils en font autant des Lettres, dont la prononciation approche l'vne de l'autre, comme le Bé & le Phé ; le Zé, le Sin & le Sad ; le Té, le Dal & le Ta. Cependant ils efcriuent de cette façon leurs Penfées, leurs Ordonnances, leurs Lettres patentes, leurs Liures, leurs Roolles,

leurs Regiſtres, leurs **Annales**, leurs Poëmes, leurs
Hiſtoires, leurs Nouuelles, leurs Procez, leur Police, & generalement tout ce qui depend des affaires
de leurs Diuans & des **Loix** de Gencize Chan. Vn
homme habile en cette eſcriture, ne peut perir parmy eux; car c’eſt chez eux la clef des richeſſes.

Ils ſont de leur naturel ſi inhumains, ſi lourdauts
& ſi groſſiers, qu’vn homme ſans douceur & ſans
bonté, ou pluſtoſt ſans religion, vn infidelle, vn impie, vn meſchant voleur, vn maraut barbare, c’eſt
quelquesfois celuy qu’ils prennent pour leur chef &
conducteur apres Dieu, ſe tenant en eux-meſmes
bien grands Seigneurs de l’auoir, & bien glorieux de
luy obeïr; leur infidelité & l’affection qu’ils conçoi-
uent pour luy, les porte meſme à le reconnoiſtre pour
Prophete ou pour Dieu, s’il en prend la qualité, chacun d’eux croyant approcher de Dieu Tout-Puiſſant
par ſon interceſſion, luy adreſſant ſes vœux quand il
eſt tombé en quelque deſtroit, & s’en acquitant enſuite, demeurant ferme dans ſon infidelité & dans
la folle croyance qu’il a en luy tant qu’il eſt viuant,
& portant meſme apres qu’il eſt mort, ſes vœux & ſes
offrandes ſur ſon ſepulchre, & le ſuiuant inſeparable-
ment iuſqu’à ce qu’il ſoit arriué au lieu de verité.

On dit qu’vn iour Tamerlan eſtant ſur le chemin,
& voyant vn ſoldat de ſon armée marcher auec quelque negligence, comme ſi vn homme preſſé du ſommeil panchoit la teſte, ou ſe baiſſoit de coſté en cheminant de nuit, ou en vn mot faiſoit quelqu’autre
indecence de celles qui ne meritent pas ſeulement
reprüe

reprise de parole, bien loin de punition corporelle ou d'infamie ; *ne se trouuera-t'il*, dist-il là dessus, *icy personne qui me coupe la teste de ce maraut-là?* il n'en dist pas dauantage ; & cependant vn de ces infidelles poltrons nommé Dulatotimur, grand & celebre Commandeur, mais abandonné de Dieu à la cruauté & à l'inhumanité, sans aucun trait de bonté ny de douceur, ayant oüy ces paroles, coupa la teste de ce miserable, & la porta & presenta à Tamerlan. *Mechant*, luy dist Tamerlan, *à quoy bon cét homicide? c'est la teste*, luy respondit l'autre, *que vous auiez dit nagueres qu'il faloit couper.* Cette auanturele surprit, & luy donna neátmoins de la joye au cœur, de voir qu'on obeïssoit si ponctuellement aux moindres signes de sa volonté.

XIV. Il y auoit parmy eux des gens polis & ciuilisez, de bon esprit, bons Poëtes, considerables pour leurs belles parties & pour leur science, qui disputoient sur tous les sujets qui se presentoient, & traitoient les questions à fond auec beaucoup de subtilité & de methode, ayant estudié en toutes sortes de sciences, & s'y estant exercez parfaitement suiuant les deux voyes du discours & de la meditation, cherchant la verité à la façon des Sages, & dissipant les tenebres de l'ignorance. Auec cela, il s'en trouuoit quelques-vns entr'eux qui viuoient conformément aux connoissances qu'ils auoient, prenant le party de ceux qui ne se soucient pas des affaires du monde, s'armant l'vn l'autre de patience, & s'entre recommandant à la bonté Diuine : mais il y en auoit d'autres, qui auec leur petite bordure & leur ample cour-

G

toife, leur science abondante, leur propreté ajustée,
leur maintien agreable, leur façon douce & leur beau
difcours, auoient le cœur plus dur que la pierre , & la
malice plus mortelle que le tranchant d'vn cimeterre de fin acier; à les entendre parler, on les euſt pris
pour les plus gens de bien du monde; & cependant
ils ſe detraquoient de la Loy, comme la flefche d'vn
maladroit de fon but. Quand vn Muſſulman eſtoit
tombé entre leurs griffes, ou vn pauure eſtranger reduit à leur mifericorde, ce ſçauant & ſubtil Docteur
employoit ſa methode à le tourmenter artiſtement,
& à luy faire fouffrir toutes fortes de cruautez pour
tirer de luy fon argent, confultant fes Liures & fes
lieux communs là deſſus, & l'efpouuantant d'injures
& de menaces tiſſuës des fleurs de ſa Rhetorique. Le
pauure miferable venoit aux prieres & aux ſupplica-
tions , imploroit ſa bonté & mifericorde, le conju-
roit au nom de Dieu & de ſes miracles,& le fupplioit
par tout ce qu'il y a en la terre & au Ciel, d'Anges, de
Prophetes , de gens de bien & amis de Dieu; ce ga-
lant homme s'en rioit , faifant cependant parade de
ſa propreté , de ſa bonne mine , & de fon bel efprit, ſe
quarrant, & alleguant fur ce fujet les bons mots des
Poëtes, les rares fentences & les beaux traits de l'Hiſtoire. Quelquesfois auſſi il faifoit le faſché,pleurant
& gemiſſant, & refmoignant du deplaifir des maux
qu'on faifoit endurer à ce pauure homme, comme
font certains Iuges de la Loy Muſſulmane, qui pref-
chent & pleurent en volant le bien de l'orphelin, &
faifant faigner le cœur des Muſſulmans qui voyent
leur mauuaife action.

Quand ils furent à Damais, ils entterent dans la maisó d'vn des plus cófiderables de la ville dás la ruë de la Gageme: cette maisó eſtoit pleine de toutes ſortes de richeſſes, de biens & de cómoditez ; *c'eſtoit, dit le vers, vn Palais de benediction & de paix, que le bontemps auoit paré de ſes plus beaux ornemens.* Ils ſe ſaiſirent du Maiſtre de ce logis, l'enchaiſnerent, & le tourmenterent de toutes ſortes de ſupplices & de cruautez: ils luy lierent en ſuite les pieds bié ſerré & le pendirét, tirât de ſes coffres & magazins ſes plus pretieux meubles, & mettant au iour ce qu'il y auoit de plus ſecretement caché. Ils prindrent entr'autres choſes les prouiſions les plus delicieuſes pour le boire & le mãger, & ſe mirent à faire grand'chere parmy leurs autres occupations, ſe resjoüiſſant & paſſant leur temps ſans ſoucy. Vn d'eux particulierement porté d'vne malice extraordinaire, ſe voulant joüer apres s'eſtre enyuré, s'en alla trouuer ce pauure homme dans le fort de ſes angoiſſes, & luy fit boire l'eau & le ſel, & aualer la poudre de chaux & la cendre. Il y auoit cependant parmy eux vn Docteur auſtere, qui ne vouloit rien boire qui enyuraſt, & qui faiſoit montre d'vne grande abſtinence. *Ie m'eſtonne de Monſieur, dit le vers, & de ſon abſtinence, & des diſcours terribles qu'il fait des feux eternels ; il n'oſeroit boire dans de l'argent, mais il aualle l'argent meſme quand il le tient.* Comme ils faiſoient tourner le gobelet iaune à la ronde, ils luy offrirent du vin par pluſieurs fois ; il le mettoit aupres de luy dans vn grand plat de terre, & ils verſoient par deſſus de l'eau claire ; ainſi ils s'enyuroient en vuidant les pleines coupes, & luy cét exe-crable impie de l'odeur mefme qu'il humoit. Apres cela il fe tourna vers le Maiftre de la maifon, & fe mift à fe rire de luy, comme il eftoit dans fes plus grandes douleurs, & à le moquer & gauffer, puis à fe prome-ner & à fe quarrer, prononçant d'vn ton de voix gra-ue les Paffages de l'Alcoran, & beuuant toufiours & mangeant de ce qu'il y auoit, en maudiffant les ri-cheffes de l'auare, tant pour l'acquereur que pour l'heritier.

Il y auoit auffi dans fon armée quantité de fem-mes, qui alloient aux coups, & fe jettoient dans la meflée, receuant les hommes de pied ferme, & les combatant à outrance, perçant de la Lance, frapant du Cimeterre, & atteignant de la flefche dans le cháp de bataille auffi bien que les plus vaillans & plus har-dis guerriers. Quand quelqu'vne d'elles eftoit grof-fe, fi les douleurs de l'enfantement la furprenoient en chemin, elle s'efcartoit vn peu & quittoit la trou-pe, defcendoit de deffus fa befte, & fe defchargeoit de fon fardeau; puis l'ayant enuelopé, elle remontoit incontinét & le prenant entre fes bras, donnoit apres les autres Il y en auoit plufieurs dans fes troupes qui eftoient ainfi nez en chemin, & eftant paruenus en aage d'hommes en marchant toufiours de lieu en au-tre, s'eftoient mariez, & auoient eu des enfans fans auoir iamais fait de demeure en aucun lieu.

XV. Il y auoit parmy tout cela dans fon armée des gens de bien, Religieux, & craignans Dieu, vi-uans felon la loy, obligeans & charitables, qui re-

cherchoient les occasions de bien faire, & s'occu-
poient continuellement dans les bons exercices,
comme de deliurer les captifs, remettre les fractures, esteindre les incendies, destourner les deluges,
faire plaisir à ceux qui en auoient besoin, & secourir
ceux qui estoient en affliction, autant qu'ils en
auoient moyen & de toute l'estenduë de leur pouuoir, fust de force & d'authorité, fust d'adresse &
d'industrie, ou par priere & supplication, ou par
compensation & eschange. Les vns le suiuoient par
contrainte; les autres de bon gré, expres pour s'employer en tels exercices.

Nostre Maistre Gemaloldin Achamed le Chouuarzamois l'vn des celebres & excellens Lecteurs de
son temps, qui a esté Prelat de Mahomet Sultan
pendant qu'il viuoit, & de son College apres sa
mort; & depuis, Harangueur à Pruse, où il est mort
en l'an huict cens trente & vn; Dieu luy face misericorde; m'a conté à ce sujet l'histoire suiuante. *I'e-*
stois, disoit-il, *à Samercand dans le College de Mahomet*
Sultan, enseignant l'Alcoran à ses seruiteurs & aux enfans
des Commandeurs; quand son tyran de Grand-pere estant
sur le point de faire le voyage du pays Romain, luy manda de
le venir trouuer & d'amener auec luy le Commandeur Si-
pholdin. Il obeyt incontinent & s'apresta à partir pour ce
voyage. Faites vos pacquets, *me dist il aussi,* & mettez
ordre à vos affaires; voyez ce qui vous est necessaire
pour ce voyage, tant pour vous que pour vos gens,
& en faites prouision; & venez auec nous de bonne
grace & de bonne volonté; car sans cela, il n'y a point

de plaisir à s'accompagner d'vn amy. *Ie le priay là desſus de me diſpenſer de ce voyage, & luy remonſtray tout ce qu'il me fut poſſible , pour luy faire agréer mes excuſes.* Monſeigneur, *luy dis-ie*, vous ſçauez que ie ſuis des gens de l'Alcoran, attaché à l'eſtude des ſacrés cahiers; ie ne peux pas me mettre ſur les chemins, eſtant, comme ie ſuis, foible de complexion, naturellement infirme, & incapable de ſupporter la fatigue, particulierement d'vn ſi long & ſi penible voyage. Ce me ſeroit vn grand bonheur & vne grande ſatisfaction d'accompagner Noſtre Maiſtre le Commandeur, mais outre que mes forces ne le ſouffrent pas, ie ſuis tout à fait depourueu de l'equipage neceſſaire pour cela. Pour vous , il faut de neceſſité vous mettre en chemin, ſans tarder, ny deliberer; il n'y a pas moyen de reculer, c'eſt vne choſe neceſſaire. *Mes excuſes furent inutiles, il ne me fut pas poſſible d'obtenir de luy permiſſion de demeurer. Il m'aporta quantité de raiſons, pour me rendre cette incommodité plus legere, mais de m'en deliurer entierement , il n'en voulut rien faire. Il fallut donc plier bagage & me mettre en eſtat de marcher. Nous partimes en ſuite & auançaſmes ſi bien, que nous arriuaſmes aupres de ſon Grand-pere, qui eſtoit deſlors diſpoſé de la belle maniere à pourſuiure ſon entrepriſe. Nous viſmes des troupes immenſes & infinies, comme vne grande mer ſans bornes & ſans limites; c'eſtoit merueille, comme il ſe pouuoit trouuer dequoy faire ſubſiſter tant de monde; il ſembloit que ce fuſt la grande aſſemblée generale du iour de la reſurrection. Eſtant ainſi, comme captif, parmy eux, las & fatigué du chemin, & ennuyé de cette façon de viure, tout malade &*

languißant, pour auoir marché de nuict & perdu le repos
ordinaire, ie quitay vn peu ma compagnie & me retiray à
l'escart, puis me trouuant seul & hors du tumulte, ie pris en
main le Grand Alcoran & me mis à lire. La douceur de cet
exercice me rauit & emporta de telle façon, que ie commen-
cay à eleuer ma voix & à iouir pleinement de cette agreable
consolation, dont le plaisir m'estoit plus delicieux, que la
fraischeur du soufle du Nort dás les grádes chaleurs de l'Esté.
Cependant deux hommes foibles & extenués, comme du bois
vsé & rongé des vers, les cheueux blóds & mal peignés, auec
de meschans habits grisastres tout deschirez, m'ayant aper-
ceu de costé, s'approcherent de moy, & s'arresterent de pied
ferme, considerant ma posture, & escoutant ce que ie disois.
Apres ma lecture finie & mon liure fermé, comme ie ruminois
en moy mesme les belles sentences, que ie venois de prononcer,
& adioustois à la lecture le seau de la priere, il leur prist enuie de m'aborder, & prenant confiance aux prieres, qu'ils
m'entendoient faire, ils s'aprocherent les larmes aux yeux,
me saluerent tous esmeus de ce qu'ils m'auoient ouy lire, & en
gemißant me parlerent ainsi. Dieu viuifie vostre cœur,
comme vous auez viuifié les nostres, effaçant nos
pechés par les lignes, que la douceur de vostre lecture y a tracées. Apres cela ils se mirent à discourir auec
moy, me faisant des questions & en escoutant les responses,
& moy auec eux. Ils estoient tous deux vrays Gegiéns, de
la veritable & naturelle armée de Tamerlan, Tartares Ori-
ginaires, sortis de la source des maux & des calamités publiques. Ils me demanderent donc premierement d'où j'estois, &
de quel pays ie venois, & en la compagnie & protection de
qui i'auois entrepris ce voyage. Ie leur declaray librement

mon pays & mon origine, le lieu de ma naissance & de ma demeure, & leur dis que i'estois des gens de l'Alcoran & de la compagnie de Mahomet Sultan. Monsieur Nostre Maistre, *me dirent ils ensuite,* nous venons vers vous, esperant, que vous nous receurez amiablement; nous auons quelques questions à vous faire, nous vous prions de ne vous point tenir importuné de nous. Courage, *leur dis-je,* n'espargnez ny mon temps, ny ma peine; vous ne trouuerez point que ie vous desdaigne. Nostre Maistre, *adiousterent ils,* c'est vne chose, qui nous met en peine, & nous y a mis par le passé, comme nous estant importante. Qui se mesle de ce dont il n'a que faire, neglige ce qui luy importe, & tombe en des affaires, qui le mettent en soucy. Qui ne recognoist pas le bien d'auec le mal, ne peut cuiter celuy-cy. Au nom de Dieu, dites nous, Nostre Maistre, de quoy viuez vous ? ie mange, *leur dis-je,* à la table de Mahomet Sultan. Les viandes, que mange cette armée, *reprindrent ils,* sont elles licites & permises ou defenduës & illicites ? elles sont, *dis-je,* pour la plufpart illicites, ou plustost toutes par le vray Dieu pleines de crime & d'iniustice, puis qu'elles ne prouienent que de violence, de pillage, de rauage, de volerie & de rapine. Par le vray Dieu, *dirent-ils,* Monseigneur, nous sommes inciuils & importuns, de parler si librement deuant vous; mais vous autres gens de doctrine, vous estes accoustumés à pardonner aux criminels & à vser de douceur enuers tout le monde. Vostre profession est de remettre les fractures, de deliurer les captifs, de faci-

liter

liter les chofes malaifées. Excufez donc, s'il vous
plaift, noftre hardieffe, & fouffrez patiemment voftre importunité. Demandez, *leur dis-je*, ce que vous
defirez aprendre, & n'en faites point de difficulté.
Nous vous prions, *adjouflerent ils encore*, au nom de
Dieu, qui vous a choifi pour eftre Gardien de fa parole, par le moyen de laquelle il fanctifie fes ferui-
teurs & leur monftre ce qu'il faut faire & ce qu'il
faut euiter, de ne vous fafcher point de ce que nous
vous dirons ; car vn Docteur & directeur du peuple,
eft comme vn bon pere, qui ne fe met pas en colere
contre fon fils pour le voir mal inftruit. Ne craignez point, *leur dis-ie derechef*, demandez moy ce que
vous voudrez, & parlez tant qu'il vous plaira. Mon-
ficur Noftre Maiftre, *me dirent-ils alors*, n'auez vous
peu vous difpenfer de la compagnie de ces poltrons,
& vous contenter des chofes permifes, fans vous re-
duire à l'vfage des illicites? Certes, *leur dis-je*, ç'a efté
malgré moy, que ie me fuis mis auec eux, & a con-
tre-cœur que i'ay entrepris ce voyage en leur compagnie ; i'euffe bien voulu ne le pas faire ; mais Mahomet Sultan m'y a contraint, m'en coniurant par
toutes les obligations, que ie luy auois. Il a fallu le
faire, mais auec defplaifir & ennuy ; mon Cheual
m'a porté à regret fur les chemins & m'a rendu icy
contre fon inclination. Mais penfez vous, *me repli-*
querent ils, que fi vous n'euffiez pas voulu venir, ils
euffent refpandu voftre fang, fait vos enfans efcla-
ues, & emmené voftre femme captiue? Non pas, *leur*
refpondis-je, & à Dieu ne plaife. Vous euffent ils

H

donc, *dirent ils*, mis en prifon, ou battu, ou maltraité?
Ie n'auois pas à craindre, *dis-ie*, qu'ils me maltraitaſ-
ſent ou tourmentaſſent de la ſorte ; car ie ſuis garde
de l'Alcoran, & l'Alcorá me preſeruc de telles violences. Le plus grand mal, qu'ils vous firent donc, *dirent ils*, voyant le refus que vous faiſiez de les ſuiure,
fut de vous dire des iniures, de vous charger d'opprobres & de reproches dans leur colere, de vous
chaſſer de chez eux, de vous abandonner. Non, *dis-ie*,
ils ne firent pas encore tant ; mon refus ne les obligea pas de deſcendre iuſques à tel point de meſpris
& d'indignation contre moy ; mais ils me prierent
inſtamment & me coniurerent affectueuſement de
venir auec eux; ils me prindrent par belles paroles, &
me preſſerét tát que ie ne les peu refuſer. Ce n'eſt pas
là, *dirent ils*, vn bon pretexte pour vous, ny vne excuſe receuable deuant le Grand Dieu tout puiſſant, qui
ne ſe paye pas de raiſons ſi foibles. Pourquoy n'e-
ſtes vous pas demeuré en voſtre poſte, occupé en la
lecture de voſtre Alcoran, meditant vos ſciences, &
diſputant auec vos confreres, vous tenant en repos,
& viuant des viandes permiſes ? pourquoy n'auez
vous pas gardé les abſtinences de voſtre Loy, ſans
vous meſler auec ces poltrons, pour manger de ce
qui eſt defendu, dans le trouble & le tumulte ? nous
auons touſiours ouy dire à vos ſemblables, ce qui ſe
dit d'eux communement; *les gens de l'Alcoran, & ſes
interpretes, ce ſont les gens de Dieu, ce ſont ſes Domeſtiques,
ce ſont ſes fauoris particuliers parmy ſes autres creatures. Il
fait pleuuoir ſes bienfaits des nuës de ſa liberalité par le moyen*

de leurs heureuses benedictions. Les Sultans sont les Sei-
gneurs des hommes en general, mais vous estes les Seigneurs
des Sultans & des autres Seigneurs. Dieu vous a faits ses
affranchis, & les hommes vous laissent libres ; vous
estes ces hommes de sçauoir, qui seruent de cœur &
de chef aux autres ; personne n'a pouuoir sur vous;
& cependant vous vous iettez vous mesmes de vos
propres mains dans le destroit ; vous vous engagés
de vous mesmes dans le mal , comme les papillons
qui volent à la flamme; de libres, que vous estes, vous
vous reduisés à l'esclauage & vous imposés des ne-
cessitez de guayeté de cœur. Pensez vous que ce pretexte soit suffisant, & que cette excuse vous deliure
des mains du Souuerain Seigneur de l'vniuers? n'est-
ce pas vous rendre tels, que dit le prouerbe ; *O gens*
de lecture, qui estes le sel du monde, que peut il rester d'entier,
si le sel est corrompu ? Quand vous aurez bien espluché
tout, *leur dis-je* nous sommes tous en mesme cause
pour ce point là. *Tu en as autant, que moy, colombe,* dit
le prouerbe, *tire toy si tu peux ; tu n'es pas mieux placée,*
que moy, colombe du Ben, dit l'autre, *ie suis sur le tronc &*
toy sur les branches. Ils se mirent là dessus à pleurer & à gemir, à crier & à souspirer , disant auec grande esmotion.
Quoy! vous ne trouuez point de difference entre
vostre fait & le nostre! certes il y en a autant que de
l'Orient à l'Occident, & du Midy au Septentrion.
Mais il ne nous est pas permis de parler ; tout ce
qu'on sçait, n'est pas bon a dire. Cependant qu'y a-t-
il de si caché , qui ne viene au iour ? les murailles
mesme ont des oreilles. Ce n'est pas, *dis-je,* icy non

plus, dequoy gaigner voſtre cauſe; vous ne vous iuſ-
ſtifiés point par telles raiſons. *Alors ils pourſuiuirent
ainſi.* C'eſt nous, qui ſommes forcés & contrains,
& emmenés contre noſtre gré & volonté. Nous
ſommes eſcrits ſur le Roole, & reduicts ſoubs le com-
mádement d'vn Capitaine. Quand il nous viét ordre
de partir par exéple en vn iour de feſte ou de nouuelle année, ſi le commandemét porte l'heure du Midy,
& que quelcun de nous tarde iuſques au ſoir, la punition de ſa faute n'eſt autre que d'eſtre attaché à vne
Croix ou de perdre la teſte, bié loing de ſouffrir ſeulement quelquescoups ou quelques iniures & reproches, ou d'eſtre accuſé d'ingratitude, ou d'inciuilité
& de diſcourtoiſie. Où en eſtes vous au prix de nous,
quand il nous arriue de demeurer, ou de reculer &
tirer arriere, ou de taſcher de nous cacher ? nous ne
trouuons autre recours ny refuge, que de faire ce
que nous faiſons, pour nous ſauuer du malheur à l'e-
xemple de nos ſemblables. Nous obeyſſons ponctuellement à ſes ordres, & faiſons ce qu'il comman-
de, ſuiuant ce que la miſericorde de Dieu exige, de
prendre exemple ſur autruy. Car voyez vn peu où
nous en ſommes. Nous ne pouuons pas nous ſou-
ſtraire à ſa puiſſance, ny ſortir des terres de ſon obeyſſance. Car quel moyen, puiſque nous y ſommes nez
& y auons eſté nourris ? nous auons là toutes nos ha-
bitudes & cognoiſſances; nos peres y ſont morts, nos
enfans y ſont venus au monde. Les champs, dont
le reuenu nous fait viure, ſont là ſitués ; les maiſons,
où nous deuons loger, y ſont baſties; tous nos pa-

rens & amis y font leur demeure ordinaire ; tout ce
que nous possedons, s'y rencontre. Si le moindre de
nous s'enfuit où s'absente, tous ceux qui luy apartienent en patiront pour luy ; ils se trouueront accablés sous la force de la tyrannie & de l'iniustice, &
n'cuiteront pas le glaiue de la cruauté, qui pend sur
leurs testes. Quand donc nous nous voyons obligez
de partir, estant resolus à le suiure, & prests de marcher, alors nous nous enquestós, combien d'années
nous deuons estre absens, & de quel costé nous me-
ne ce vagabond ; puis nous prenons nostre equipage suiuant cela. Nous sommes alors tous cousins
germains, nos maletes sont communes & le pain qui
est dedans ; nous participons aux mal-heurs l'vn de
l'autre, & nous entre assistons de Cheuaux & de fourage, resolus à ieusner autant que le cas y escherra,
bien heureux si nous auons dequoy nous retenir
l'ame dans le corps, & quelques haillons pour couurir nostre nudité, & encore tout cela du trauail de
nos mains & de la sueur de nostre visage ; il nous faut
employer toute nostre industrie & faire tout ce que
nous pouuons iusques au bout. Car nous ne prenons les biens de personne ; nous ne cueillons point
les fruicts qui apartienent à autruy. Personne ne se
plaint de nous ; nous n'auons ny querelle ny dispute
auec personne. Il n'y a que le mal heur commun
& la calamité publique, qui nous entraisne, Nostre
maistre. *Apres cela ils commencerent à bransler la teste,*
tremblans de crainte & d'horreur, les leures pasles, & le front
liuide ; & à pleurer & souspirer du profond de leur cœur.

Par le vray Dieu i'en fus sensiblement touché, estimant les plus grands Docteurs peu de chose en comparaison d'eux, considerant en moy mesme le destroit, où ils estoient, & voyant, qu'ils se mettoient eux mesmes les mains sur la braise. Apres *auoir fait quelques gemißemens entaßez l'vn sur l'autre,* au nom de Dieu, *leur dis-ie,* mes freres, qu'entendez vous par le mal-heur commun & la calamité publique, dont vous venez de parler? Nous ne chargeons, *dirent-ils,* nos cheuaux & nos autres bestes de somme destinées à porter nostre bagage, que le moins que nous pouuons, & ne montons pas deßus, si nous ne sommes bien las de cheminer. Ce qui nous creue le cœur & nous accable de desplaisir & de desespoir, c'est de nous voir contrains à nous plonger dans le sang des Muſſulmans & à faire pillage de leurs biens; de ne pouuoir nous exempter de faire paistre leurs grains dans leurs champs, & de les enleuer de dedans leurs granges. Mais nous ne sçauons comment nous tirer de ces miseres, & nous despestrer de cette naſſe. Au nom de Dieu, Monseigneur Noſtre Maiſtre, nous trouuerez vous point quelque consolation en ce mal-heur, quelque goute d'eau froide capable d'esteindre cet incendie, ou de moderer cette ardeur exceſſiue. Non, par le vray Dieu, *dis-ie*, autre que la misericorde diuine. Par la droite de Dieu, vous m'auez affligé au dernier point, vous m'auez fait aualer l'Absinthe & l'Aloes en abondance, vous auez augmenté mes desplaisirs outre mesure en y adiouſtant les voſtres. I'auois aſſez de mes propres douleurs & de mes propres inquietudes, pour me rendre triste toute ma vie ; vous auez mis les voſtres comme vn comble par deſſus, & m'auez ſurchargé de ſoucy ſur ſoucy. Mais au nom de Dieu , dites moy qui vous eſtes, de quel pays, & de quelle na-tion, & en quelle compagnie vous menez cette vie toute telle quelle eſt ? aprenez moy cela & ne me le celez point, afin que ie vous aille voir ſouuent, & trouue quelque conſolation auec vous. Noſtre Maiſtre, *me reſpondirent-ils*, loüé ſoit le grand Dieu, qui nous a fauoriſez de voſtre heureuſe rencontre. Il ne vous peut ſeruir de rien de nous cognoiſtre, ny vous nuire en aucune façon, de ne pas ſçauoir, qui nous ſommes. Noſtre opinion eſt ſelon les plus ſenſibles apparences, que iamais vous ne nous reuer-rez ; mais ſi l'occaſion s'en preſente, nous vous vien-drons trouuer, & pluſtoſt à quatre pates, que d'y manquer. Dieu vous conſerue, & nous auſſi ; nous vous diſons adieu. *A ces mots ils partirent , ſans tarder dauantage , cette ſeparation ne fut pas ſans regret de ma part.*

C'eſt icy comme vne goute des eaux de la mer ou comme vn grain des ſables de la montagne. Nous prions le grand Dieu tout puiſſant & tout bon, de vouloir preſeruer nos diſcours d'erreur, nos actions & nos conduites de vice & de peché ; c'eſt en luy que nous nous fondons ; il fait bon s'attendre à luy.

SVITE DE L'HISTOIRE
DV GRAND
TAMERLAN,

Traduite de l'Arabe du fils de Guerapse,
Par P. VATTIER.

LIVRE PREMIER.

SOMMAIRE.

CHALILE SVLTAN.

E Monde, disent les vers, est vne roüe, où les biens tournent meslez parmy les maux. Lorsque l'Ambitieux s'y croit éleué au des-sus du Ciel, il est tout estonné que les rochers le brisent. Combien voit-on de Soleils monter dans leur Paralelle jusques à leur midy, desployant pompeu-
sement

sement leur splendeur, puis tout d'vn coup pâlir & tomber
en eclipse? on a veu les Roys du siecle allumer les mers du feu
de leurs hostilitez, subjuguer les Villes & les Prouinces, &
estendre sans bornes leurs Estats & leurs Seigneuries. La fortune trompeuse les irrite l'vn contre l'autre, & Dieu permet
que les plus fins se trouuent abusez. L'occasion leur rit du
bout des dens; ils s'imaginent estre maistres du monde. Ils se
leuent comme des Loups prests à malfaire, & se jettent comme des Lyons à la rapine; ils ont des richesses, & sautent
comme des Cataleptiques sans sçauoir où ils vont. Ils content
les chimeres qui se font voir à eux, selon leurs fantaisies. Ils
s'imaginent que la fortune est tellement engagée à leur party,
qu'elle ne s'en peut dedire; que leur bonheur en ce monde bouïl-
lonnera tousiours sans iamais se respandre. Ils se jettent les
vns sur les autres, & s'entre-persecutent, furieux comme
des Leopards. Ils s'entre frapent, ils s'entre batent, ils s'en-
tre-dechirent comme des Lyons; ils s'entre attaquent, ils
s'entre piquent, ils s'entre-percent comme des Faulcons;
quelque paix qu'ils ayent autrefois faite entr'eux, quelque
foy qu'ils se soient entre donnée vainement & faussement.
Ils se precipitent comme des Papillons dans le feu de la guerre,
sans en cônoistre que l'esclat Ils s'apuyent sur leurs ruses; mais
le temps trompeur & ialoux vient d'vn reuers fondre sur eux,
comme le Sacre sur les oiseaux qui jouslët. Ils se trouuent le soir
tous ensemble exposez comme la Curée à l'Espreuier. Rien
n'est capable de destourner le malheur qui les accable; ny leur
Estat, ny leur Maison, ny leurs soldats, ny leurs enfans, ny
le secours de leurs alliances. Tous leurs vestiges demeurent ef-
facez comme les lignes tracées sur la poudre, sous la cheute de
la pluye. Leur temps se passe & ne laisse rien d'eux qu'vne

I

memoire errante. Tu en peux voir vn assez bel exemple dans l'Histoire de Tamerlan, ce boiteux, ce trompeur, qui a tant cassé de testes & tant brisé de reins. Il a couru les pays & fait la ronde par les Prouinces, faisant rouler la vicissitude des affaires du monde. La bonté de Dieu luy a donné vne longue vie, pendant laquelle il a tousiours entassé violence sur violence. Elle luy a prolongé ses iours, le laissant traisner dans vn estat qui deuoit finir; afin de voir dans la decision de ses iugemens s'il seroit iuste ou tyrannique. Il a cependant affligé tous les mortels de l'Arabie & de la Gageme. Il a exterminé la paix & nourry l'iniustice des rapines de son espée criminelle. Il a ruyné les Princes, & tous ceux qui auoient quelque auantage de noblesse ou de science pour l'entretenement du repos public. Il s'est efforcé d'esteindre la lumiere de Dieu & de la sainte Religion, pour establir les resueries de Gencize Chan, ce tyran, cét impie, cét infidele. Il a fait respandre le sang de tous les patiens & craignans Dieu. Il a rauy les chastes & fidelles Dames de dessous leurs pudiques voiles. Il a jetté les petits enfans dans le feu, comme des grains d'encens. Il a joint la boite des vins à l'infamie de l'adultere. Il a de propos deliberé tantost violé les alliances, tantost rompu les vœux, tantost fait forcer les Dames les plus chastes & plus pudiques par tous ses Loups rauissans & ses Chiens enragez. Ils ont fendu & deschiré les cœurs, apres auoir rompu les cabinets. Ils ont bruslé & noircy, comme du pain cuit sous les cendres, les fronts qu'ils ont rencontré prosternez deuant le Dieu de misericorde. Ils ont rosty les costez & les corps accoustumez à secher les parfums aromatiques dedans les lits mollets. Ils ont arraché les biens des mains de leurs possesseurs comme des voleurs infames. Ils les ont contrains de boire la

coupe empoisonnée, & d'aualer le gobelet boüillant. Ils ont
reduit à l'esclauage la maison du Prophete, l'eleu de Dieu, le
Saint des Sainéts. Ils les ont vendus & dispersez depuis les
Turcs Idolatres jusqu'aux derniers climats de l'infidelité;
sans espargner les enfans vniques qu'ils ont rauis à leurs meres, desesperées d'en eleuer d'autres. Ils ont continué ces crimes, & respandu leurs horreurs par tout l'Iran & le Touran theatres de leurs tragedies. Cét orage s'est estendu depuis
les Chetéens tirant au dernier des climats. Apres ses rauages
finis, & la mesure de ces malheurs comblée; la destinée l'a saisi, ses bastimens estant acheuez; les griffes de la mort l'ont
entraisné de ses Palais dans le sepulchre. Sa gloire s'est trouué changée en bassesse & en villenie. Il est passé en la maison
des supplices auec les crimes dont il s'estoit chargé. Ces assemblées se sont separées, la faineantise a ruyné ce qu'il auoit basty.
Ses actions font suiure apres luy vne malediction eternelle
tant que les siecles dureront; tant que les temps à venir roule-
ront, tant verra-t'on les traces de ses crimes. Voy donc, mon
frere, & considere ce soir & ce matin. Il n'y a point de difference à la mort, entre vn vertueux craignant Dieu & vn
impie. Où font ceux là dont on lisoit le front, comme les Sa-
crez Liures? ces heureux, ces prudens, ces puissans, ces re-
doutables? qui esteignoient dans le Ciel l'esclat de la pleine
Lune, qui arrestoient les mers debordées; dont la puissance
affermissoit la sagesse, & la prudence guidoit la majesté. La
fortune a croulé ces fermes fondemens, & espuisé cette sagesse.
Le tourbillon du malheur les a enleuez, comme l'Oüest dissipe
la poudre. Où font ces enfans qui resjoüissoient leur pere au
matin, & luy espanoüissoient le cœur? apres le rideau tiré de
deuant eux, ils auoient paru sortant de la bassesse mesme com-

me le Soleil des tenebres. De petits Faons de Daim ou de Che-
ureaux sauuages marquez de leurs yeux pers ; la grandeur de
leur pere les auoit reuestus de la superbe robe de son ample fortune ; ils s'estoient engraissez & auoient pris l'enbonpoint
dans les calamitez publiques. Quand ils habitoient quelque
lieu, ils le faisoient sauter de joye. Jls estoient l'œil aux visages, & la prunelle aux yeux ; les parterres aux iardin, & les
fleurs aux parterres. Pendant qu'ils s'enyuroient de delices
au milieu de leur pompe, dans la fleur de leur âge & dans la
grandeur de leur fortune ; l'eschanson de la mort est venu leur
presenter les coupes de malheur, & inonder les iardins de leurs
vies d'vn torrent qui en a renuersé tous les agréemens. Ils ont
quité leurs amples Palais, & ont esté confinez dans le destroit
du tombeau. Ils n'ont laissé en partant que la douleur & les
larmes pour partage à leurs amis, qui tesmoignent leurs re-
grets par leurs plaintes & par les coups dont ils se frapent la
poitrine. Si la destinée se corrompoit par presens ou se fleschis-
soit par prieres ; ils se fussent trouuez racheptez & conseruez
par les soins de leurs Gardes. Mais ils sont dans le sepulchre,
ces honneurs & ces plaisirs sont reduits au neant. Le ver
de la pourriture les mange, & la corruption du tombeau les
consume. Ils sont dans la terre à pourrir, ils n'en releueront
point qu'à la Resurrection generale. Leurs amis viennent vi-
siter leurs sepulchres, & leurs adressent leurs paroles, pleurant
& gemissant en vain sur le marbre insensible, la face salie de
poudre & baignée de larmes. Jls ont beau appeller, ils n'ont
response que de l'echo qui sort du creux du dur rocher. Pendant qu'ils visitent les autres, ils sont incontinent reduits en
estat d'estre eux mesmes visitez. C'est ainsi que Dieu dispen-
se les affaires de ce monde, ce sont les effects de sa sagesse &

de ſa patience. Ce monde eſt comme vn pont qu'on paſſe, acheue le reſte de ton paſſage. Conſidere ce qu'il y a de bon ; le mal qui l'enueloppe le ſurpaſſe. Si ce monde & ce qu'il contient n'eſtoit moins que la poudre, que le vent emporte ; ceux qui en durent & loüent Dieu, n'auroient pas de raiſons à dire. Mais & luy & la pluſpart de ceux qui font les ſuffiſans ſur ſa terre, ſont boiteux & aueugles, & ne penſant pas l'eſtre, tant ils ſont orgueilleux, ne veulent point ſuiure de guide. Ils abandonnent la verité & ſe tournent vers le menſonge & vers la fauſſeté. Mon Dieu, affermiſſez-nous dans vn eſtat qui vous plaiſe. Pardonnez-nous les pechez que vous ſçauez que nous auons commis, Pere de miſericorde ; & nous armez à l'auenir du bon-heur de vos graces pour ſurmonter la malice du Diable. Faites-nous trafiquer à la porte de voſtre excellence, & gaigner des richeſſes qui ne periſſent iamais.

Alladade auoit vn de ſes intimes amis Gouuerneur d'Andecan, nommé Segadan, homme de marque & de conſideration, l'vn de ceux qui auoient eſté au baſtiment de Baſochamre; qui enuoya incontinent luy faire ſçauoir que la matiere de corruption eſtoit retranchée, & que Tamerlan auoit quité la pourſuite de ſes conqueſtes pour aller ſouffrir au fond de l'Enfer la punition de ſes crimes. Le Meſſager arriuant auec cette heureuſe nouuelle le quatorzieſme iour du mois Ramadan de l'an cy-deſſus marqué, tira Alladade de la peine où il eſtoit, le deliura du ſoucy qui le conſumoit, & du deſeſpoir qui l'accabloit, comme s'il luy euſt rendu la vie & arreſté le couteau preſt de luy couper la gorge. Nous adjouſterons cy-apres le reſte de l'Hiſtoire d'Alladade, &

dirons ce qui luy arriua iusques à la fin de sa vie.

II.   Quand Tamerlan finit ses iours & sortit de ce
monde, il n'y auoit aupres de luy dans son armée,
de ses enfans & proches parens , que son petit - fils
Chalile Sultan fils d'Amiransa,& son nepueu Sultan
Chesine fils de sa Sœur,celuy,qui se retira vers le Sultan en Syrie , quand il y arriua. Ils voulurent celer
cette auanture,& faire en sorte,que le peuple l'igno-
rast quelque temps ; mais elle fut aussi tost cognuë &
diuulguée malgré leurs soins. Car le monde estoit
trop esmeu,& le bruit, le trouble & la consternation
trop grands dans les troupes. Chacun pensoit à
cela & s'appliquoit à rechercher la verité du fait ; ils
recogneurent donc bien viste,que le dernier des ty-
rans estoit allé apres les autres. L'armée se debanda
ensuite & secoüa le ioug , apres auoir reporté ses os'à
Samercand. Le bonheur en voulut cependant à
Chalile Sultan. Car trouuant la place vuide,il luy fut
aisé de s'emparer de la Capitale de l'Estat.   Son pere
Amiransa estoit Gouuerneur d'Adrabigene & de ses
ressorts, & auoit chez luy ses deux autres fils , Omar
& Abubecre. Ils estoient là separés des Prouinces
de delà la Riuiere par des remparts & des palissades
de quantité de montagnes & de forests. Cet Abubecre estoit estimé parmy les Gegtéens l'vn des plus
vaillans & des plus robustes. On dit , que quand il
frapoit bien apoint vn bouuart où vn ieune chameau de son cimeterre , il le separoit en deux d'vn
seul coup.   Amiransa , apres la mort de Tamerlan,
fut tué par Craioseph, qui reconquist sur luy les Pro-

uinces d'Adrabigene. Son fils Omar fut tué par son
frere Abubecre, & Abubecre depuis par Idecou
gouuerneur de Carman. Leurs auantures sont assez
celebres & leurs histoires assez cogneuës. Sarachi
tenoit Aric & les Prouinces de Chorasane. Bir Omar
auoit les gouuernemens de la Perse & des contrées
voisines. Tamerlan auoit premierement designé
pour son successeur, Mahomet Sultan, le preferant à
ses propres fils, quoy qu'il ne fust que son petit fils,
à cause des vertus, qu'il voyoit esclater en luy, & des
auantages & belles parties, qui releuoient sa personne ; mais la destinée s'opposa à ses desseins , car il
mourut, comme nous auons dit, dans Acosahar au
pays Romain. Il auoit vn freré, nommé Bir Mahomet, que Tamerlan substitua en sa place. Mais
quand la mort le vint assaillir & luy fist vomir auec
vne violence impreueuë sa detestable ame , il estoit
plongé dans vne negligence tres grande des affaires
de sa maison & ne songeoit point du tout à son testament. Il se trouua suffoqué tout d'vn coup & laissa son armée en desordre , estant bien eloigné de ses
fils & de ses petits-fils , l'esprit en repos, sans se prendre garde de la mort, ny penser aucunement à ce qui
estoit prest de luy arriuer. Ils n'en auoient pas eux
mesmes de leur costé plus de soucy , & n'y son-
geoient pas dauantage. Bir Mahomet estoit à Candahar sur les frontieres de la Chorasane & de l'Inde,
bien loing du pays de delà la Riuiere; si bien qu'il n'y
auoit personne plus proche de la Capitale de l'Estat
par luy establie, c'est a dire de Samercand, que Cha-

lile Sultan fils d Aamiranſa. Outre cela l'Hyuer re-
gnoit alors en ſa grande rigueur, la terre eſtoit toute
couuerte de neiges & de glaces & les incommodités de l'air tenoient chacun reſſerré dans le lieu de ſa
retraite. Tous ces ſerpenteaux ſe tenoient cachez
dans leurs tanieres ſans oſer auancer la teſte dehors;
car le froid eſtoit trop grand & le ſoufle de la biſe
trop terrible; tant s'en faut qu'ils ſe miſſent en campagne & entrepriſſent vn long voyage & vne affaire
d'importance.

III. Chalile Sultan ſe miſt donc en poſſeſſion de
cette proye toute froide, ſans que perſonne la luy
diſputaſt, ny le contrediſt aucunement. L'Eſtat ou
pluſtoſt le Monde changea ſon Enfer en Paradis, &
fut raui de ioye dans cette conionctuie, voyant
qu'au lieu d'vn odieux maiſtre il auoit recouuré vn
aimable Seigneur, à lieu d'vn fier tyran vn Chalile,
c'eſt à dire, vn fidelle amy. Il eut en ſa diſpoſition les
armées & les Commandeurs l'elite des ſoldats & les
plus conſiderables Capitaines; cette braue milice
de l'Arabie & de la Gageme demeura en ſon pouuoir; ils ſubirent tous le ioug de ſon obeyſſance, &
captiués par ſes liberalités firent des veux pour ſa
proſperité & le recogneurent pour leur Prince, ſans
que perſonne peuſt s'en deſaire, ny ſe diſpenſer de
ſuiure en meſme temps le conſentement general, où
differer vn moment de ioindre ſon ſuffrage à ceux de
toute l'aſſemblée. Chalile Sultan les receut agrea-
blement & obligeamment, auec les careſſes de ſa
bonté & courtoiſie naturelle. Car c'eſtoit vn Ioſeph

pour

pour l'innocence de ſes mœurs, vn Chalile pour la
douceur de ſa conuerſation, vn Iſmaël pour la ſincerité de ſon procedé. Il auoit toutes les belles parties
qui peuuent rendre vn Prince aimable, la riche taille & la bonne mine, la fleur de l'âge, la propreté &
la bonne grace en ſes habits & en ſes armes, la generoſité en ſes actions, la douceur & affabilité en ſes
entretiens, l'ingenuité & ſincerité en ſes diſcours,
la liberalité & la magnificence dans la diſpenſation
de ſes biens, & dans la recompenſe de ceux qui l'a-
uoient ſeruy, ſans affliger ny meſcontenter perſonne, faiſant touſiours plus de bien qu'il n'en promet-
toit, & adjouſtant le comble à la meſure. Sur tout
cela, perſonne n'eut de peine à ſe reſoudre de le ſuiure & de luy jurer fidelité; chacun s'attacha à luy,
luy chanta des loüanges, & luy teſmoigna grande
joye de le voir eleué au rang qu'il meritoit. Tamerlan ſe voyant entre les mains de l'executeur de ſa de-
ſtinée, au milieu des douleurs de la mort, preſt à
tomber dás la fournaiſe infernale qui luy eſtoit allu-
mée, meuglant comme vn taureau effrayé, le faiſoit
venir aupres de luy, & n'auoit conſolation que de le
voir s'employer à rechercher tous les moyens de le
ſoulager. Mais ſes ſoins furent inutiles; il ne peut enfin faire autre choſe que de luy rendre apres ſa mort
les derniers honneurs. En ce deſſein, il le fiſt mettre
dans vne Litiere; & auſſi toſt que la commodité le
permiſt, il tourna bride vers Samercand. La riuiere
de Chagende eſtoit pour lors degelée, l'Hyuer auoit
moderé les rigueurs, & adoucy l'aſpreté de ſes froi-

K

dures. *Le souffle du Zephyre*, dit le vers, *resjoüissoit le monde, & ramenoit doucement le beau temps. Le Printemps approchoit auec ses diuers agréemens, & l Hyuer refroigné tournoit le dos auec ses troupes melancholiques.*

IV. Il y auoit dans cette grande armée plusieurs braues Chefs, hommes de conseil & d'action, comme autant d'astres brillans qui la conduisoient dans l'obscurité des affaires, *choisis*, dit le vers, *parmy l'elite du monde, des Soleils pour l'apparence, des Lyons pour le courage.* L'experience les auoit rendus sages, & les diuerses courses de Tamerlan leur auoient apris toutes sortes de routes. Il auoit par leur moyen forcé les places les mieux closes, s'estoit fait voye par les passages les plus difficiles, estoit venu à bout des plus hardies entreprises, auoit fait reüssir ses plus hauts desseins, & descouuert les thresors les plus cachez. Il estoit comme la Pleine Lune, & eux comme le cercle blanc qui l'enuironne; il estoit l'ouurier, & eux les instrumens; l'ame, & eux les sens; la teste & eux les membres. Apres donc que ce Soleil fut passé en son Occident, & que ces Estoiles demeurées derriere commencerent à paroistre; leur commun appuy estant renuersé, & leur esperance generale dissipée, *la nuict tenebreuse*, dit le vers, *ayant succedé à la clarté du iour, & les voyageurs ayant perdu la lumiere qui les conduisoit;* chacun se mist à penser à ses affaires en son particulier, & à considerer ce qui luy pouuoit arriuer en suite de ce changement. Ils ne faisoient pas grand fondement sur Chalile Sultan, sçachant bien qu'il ne tarderoit gueres à estre attaqué de tous co-

ſtez, qu'il ne joüiroit pas long-temps paiſiblement
de la place qu'il venoit de prendre, qu'il ſeroit bien-
toſt troublé dans la poſſeſſion de ſa Seigneurie, &
que c'eſtoit le moins que les grands de ſa parenté
peuſſent faire que de pretendre qu'il cedaſt à ceux
qui eſtoient plus proches que luy. Ils commencerent donc à s'apreſter à ce qui pouuoit arriuer, & à
ſe reſoudre à tous les accidens qui pouuoient s'enſui-
ure, ſe diſpoſant à reſiſter à toutes les difficultez, à
ſouſtenir le choc de tous les combats, à reſpondre à
toutes les demandes qu'on leur pourroit faire, à ſe
prendre garde de toutes les embuſches qu'on leur
pourroit dreſſer, & à euiter tous les pieges qu'on
pourroit leur tendre, *remarquant le chemin pour le re-*
tour, faiſant prouiſion pour le temps de la cherté, & reſer-
uant quelque choſe pour la neceſſité à venir. La rigueur de
la ſaiſon auoit eſté iuſques alors vne bride capable
d'arreſter ceux qui auoient eſté les plus precipitez,
& de retenir dans l'obeïſſance les plus diſpoſez à la
reuolte. Perſonne d'eux n'auoit donc peu mieux faire que de ſe ſouſmettre à Chalile Sultan, & ſuiure
entierement ſes ordres. Ainſi ils l'accompagnerent
en ſon retour tout d'vn pied, mais auec des penſées
en leurs eſprits pour ſa perſonne pareilles à celles
que Gabdolle fils d'Abi fils de Saloule auoit autrefois
euës qour le Chebibe. Vn d'eux entre autres nommé
Brandac, ſongea deſlors à ſe mettre en eſtat de luy
reſiſter, & à ſe ſaiſir d'vn Fort, d'où il peuſt luy faire
teſte. Dans ce deſſein, il luy parla ainſi. *Si vous auiez*
agreable, diſt-il, *j'irois deuant mettre ordre aux affaires,*

porter la nouuelle de voſtre aduenement à la Seigneurie, pre-
parer le monde à vous receuoir à voſtre arriuée, & jetter les
fondemens de l'obeiſſance dans l'eſprit de vos ſujets. Chalile
Sultan accepta ſon offre, & l'ennoya deuant. Com-
me il fut arriué ſur le bord du Sichone, trouuant le
pont tout preſt & le paſſage facile tant à pied qu'à
cheual, il paſſa aiſement luy & ſa troupe; ſi toſt qu'il
fut de l'autre coſté, il fiſt rompre le pont, & ſans cacher plus long-temps ſon infidelité, pouſſa vers Samercand dás vne rebellion ouuerte. Mais il ne trouua pas la ville diſpoſée à ſuiure ſes deſſeins; au contraire elle luy monſtra les dens, & luy reprocha ſa
perfidie, demeurant ferme dans la reſolution de garder fidelité à ſon Prince, ſans eſcouter ceux qui luy
vouloiét perſuader le contraire. Il ne peut donc faire
autre choſe, que de ſuiure ceux qui marchoiét deuát
luy, & de taſcher à pallier ſa faute par quelque artifice. Cependant Chalile Sultan eſtant arriué au pont
& l'ayant trouué rompu, ſans ſe mettre beaucoup
en peine de l'infidelité de Brandac, le fiſt promptement refaire, & paſſa la riuiere, laiſſant pour Gouuerneur dans les Prouinces de delà le Sichone, celuy
qui y eſtoit des auparauant, c'eſt à dire Chadaïdade,
le plus grand de ſes ennemis, & qui auoit touſiours
voulu marcher du pair, & faire comparaiſon auec
Tamerlan meſme, eſtant de la maiſon du Sultan
Cheſine, & tenant dans ces pays là rang de Maiſtre
& de Souuerain. Mais Chalile Sultan ne peut faire
autre choſe que de s'entretenir en paix & amitié auec
luy, & de le confirmer en ſon Gouuernement, ſes af-

faires estant dans leurs commencemens encore mal
establies, ce qui l'obligeoit bon gré mal gré de luy
laisser le pouuoir entre les mains & de s'en rapporter
à sa conscience. Il s'auança ensuite vers Samercand,
dót les principaux habitans sortirét au deuant de luy
auec le Gouuerneur & les chefs de la ville & des places voisines, tous enuelopés de noir & couuerts de
dueil. Les plus grands & plus cósiderables venoient
rédre leurs respects aux os de Tamerlá, qu'on raportoit, & tesmoigner à Chalile Sultá leur satisfacti ɔ de
le voir reuenir en bóne santé & estably dás le Throf-
ne de son Grand-pere. *Il sembloit à voir leurs visages, dit
le vers, d'vn guay printemps commençant à sortir des noirs
nuages d'vn fascheux Hyuer, où d'vne fleur qui commence
à ouurir son bouton.* Ils luy firent en mesme temps des
presens magnifiques & luy offrirent de precieux
gages de leurs fidelités. Chalile Sultan receuoit
chacun d'eux selon sa condition & son merite, & luy
donnoit le rang qui luy appartenoit. Il ne fist pas
mesme pour lors semblant de penser à ce qu'auoit
fait Brandac, au contraire le traitant, comme amy &
bien affectionné à son seruice, il luy osta tout subiet
de crainte & de defiance Il ne laissa pas depuis, apres
que ses affaires furent establies, de le punir de sa perfidie, lors qu'il y pensoit le moins ; il se defist de sa
personne, mist ses biens au pillage, & ruina entierement sa maison sans en laisser aucun vestige.

V. La premiere chose à quoy il s'employa pour
lors, ce fut à faire les funerailles de son Grand pere,
à luy rendre les derniers deuoirs, & à le mettre re-

poſer dans le tombeau. Il le fiſt donc enfermer dans vne biere d'ebene, qui fut portée par les Princes ſur leurs teſtes , les Seigneurs & la milice marchant à ſon conuoy la teſte nuë, habillés de noir, & auec eux les troupes des alliés & leurs Commandeurs. Ils le placerent aupres de ſon petit-fils Mahomet Sultan dans ſon College cy-deuant mentióné, proche d'vn lieu nommé Rouchabad, aſſez celebre. Il demeura là ſur des châtiers dans vne caue deſcouuerte & non cachée ; où Chalile Sultan fiſt faire toutes les cere-monies funebres, les lectures de l'Alcoran, tant en-tier, que par parties, les prieres & inuocations , les diſtributions des aumoſnes , le don des viandes & des confitures, l'Epitaphe & l'ornement de ſon tom-beau, ſur lequel il fiſt deſployer les meubles de ſon vſage ordinaire,& pendre aux murailles ſes armes & les pieces curieuſes de ſon cabinet, tout cela en ou-urages par fleurs auec de la broderie d'or & de pier-reries, la façon de la moindre piece valant le reuenu d'vne Prouince,ſans l'etofe, qu'on ne peut pas eſti-mer. Il fiſt pendre au toict du baſtiment les lampes d'or & d'argent, & couurir le paué de tapis de ſoye & d'or friſé depuis vn bout iuſques à l'autre. Entre autres lampes il y en auoit vne d'or peſant quatre-mille gros , qui font vne liure à la mode de Samer-cand & dix liures à la mode de Damas. Apres cela il ordonna ſur ſon tombeau la Lecture & le Seruice, & eſtablit des Portiers & des Gardes au College, auec de magnifiques appointemens par an,par iour, & par mois. Quelque temps apres il le fiſt tranſpor-

ter dans vne biere de fin acier trauaillée par vn habile homme de Siraze , excellent maiſtre en ſon meſtier, & le fiſt enterrer en ſa place, que chacun ſçait,
où l'on porte ſes veux & l'on demande ſes beſoins
auec les prieres & inuocations ſolennelles. Les Seigneurs paſſant par là, baiſſent la teſte par honneur, &
quelquefois deſcendent de leurs montures pour teſ-
moigner le reſpect, qu'ils luy portent.

Cependant depuis que Tamerlan eſtoit tombé
dans les tourmens & les ſupplices, qu'il auoit meri-
tés, & que Chalile Sultan auoit eſté eleué ſur ſon
throne, l'hyuer ſe retiroit peu à peu, & les Poëtes, qui
fauoriſent touſiours de leurs ſuffrages les caprices
de la fortune, s'employoient à faire des Coniouyſ-
ſances à Chalile Sultan & des Loüanges Funebres à
Tamerlan. Le mauuais temps les faiſoit eſcouter,
& ils ne manquoient pas de recitateurs ny d'appro-
bateurs. L'Hyuer leua le ſiege enſuite, & quita entierement la place au printemps , dont la venuë reſ-
iouyt & reueilla le monde.   L'air repriſt ſa tempe-
rature agreable, la terre commença à pouſſer ſes pro-
ductions ordinaires apres ſa ſterile nudité ; les prairies ſe reueſtirent de leur verdure & firent parade de
l'Eſmail de leurs fleurs, les arbres ſe couurirent de
leurs fueilles & eſtendirent leurs ombrages, les oy-
ſeaux firent entendre leurs ramages & les ruiſſeaux
leurs agreables murmures ; toute la nature fiſt voir
dans ſon renouuellement les merueilles de ſon Crea-
teur, & tout le Monde deuint vn Grand Moſquée
remply de langues & de voix , qui preſchoient ſes

loüanges ; les iours deuindrent egaux aux nuicts, &
tous les chemins tapiſſez de fleurs & de verdure, &
parfumés de bonnes odeurs, comme pour inuiter
Chalile Sultan à ſe mettre en campagne. En effect il
s'appliqua incontinent à mettre ordre aux gouuernemens de ſes Prouinces & à faire par tout obſeruer
ſes loix, prenant ſur tout pour maxime fondamenta-
le, *qu'il ne pouuoit gaigner les hommes, que par bien-faits, ny*
aſſembler le monde aupres de luy, qu'en diſſipant ſes finan-
ces.   Il ſe miſt donc à ouurir ſes Threſors & à ietter
des appaſts d'or & d'argent aux oiſeaux qui vouloient ſortir de ſa voliere où qui faiſoient difficulté
d'y entrer, taſchant de ſatisfaire tout le monde, tant
ceux qui auoient affection pour ſon party, que ceux
que leur fantaiſie portoit ailleurs, diſperſant ce que
ſon Grand-pere auoit amaſſé par tant de violences
& d'iniuſtices, par tant de crimes & de meſchance-
rés. Il augmenta les payes des ſoldats & combla les
chefs de preſens & d'eſperances, faiſant pleuuoir de
tous coſtés l'abondance de ſes largeſſes & rempliſſant tout le pays de la renommée de ſes liberalités
ſans bornes & ſans meſures. Ses profuſions furent
exceſſiues, il vuida des coffres & des magazins immenſes. Auſſi s'acquiſt il la bienueillance de tout
le monde, chacun s'engagea à ſon party & fiſt pro-
feſſion publique de luy obeyr & de le maintenir. S'il
en manqua quelques vns, ce fut en fort petit nombre ; car il s'en trouua pourtant de ceux là, tant parmy les ſoldats que parmy les Capitaines, qui monſtrerent depuis leur mauuaiſe volonté en ſon temps

&

& firent esclater dans l'occasion leur opiniastreté.

VI. Le premier qui leua le masque & se declara
ouuertement, fut Chadaïdade le Chesinite, Gouuerneur des Prouinces de delà le Sichone , & des
Frontieres de Turquestan. Ceux qui cherchoient
occasion de se retirer d'aupres de Chalile Sultan , la
trouuerent, & eurent à qui se joindre en l'abandon-
nant; ce qui leur fut d'autant plus facile, que l Hyuer
estoit alors passé, les neiges & les glaces fonduës, la
campagne libre, & les chemins beaux. Les Serpens
auoient oüy de dedans leurs troux le bruit du ton-
nerre, & entendu le signal de la sortie & de la marche. Siche Nouroldin suiuit donc incontinent son
appel : il auoit esté des plus considerables Seigneurs
aupres de Tamerlan, & de ceux qui auoient le plus
de part à ses conseils & à ses entreprises. Il partit ouuertement & sans dissimuler, & cheminant iour &
nuict, se rédit au plustost aupres de Chadaïdade, for-
tifiant son party & se faisant compagnon de sa rebellion & felonie. Sa Malque sortit apres luy , & renon-
çant à l'obeïssance de Chalile Sultan, prist le chemin
des rebelles en grande haste. Il partit de Samercand
auec beaucoup de bruit, tirant vers le Gichone, qu'il
passa, & se rangea aupres de Sarachi. Il ressembloit à
Siche Nouroldin, homme de prudence & de bon
conseil. Chalile Sultan, sans faire cas de ceux qui le
quittoient, poursuiuit d'honorer & d'obliger ceux
qui demeuroient à son seruice , faisant part de ses
biens & de sa puissance à tous ceux de son party, &
ne se reseruant rien de particulier.

L

VII. Cependant Alladade, si tost qu'il eut receu la nouuelle cy deuant mentionnée, fist assembler dés la mesme nuict ses plus affidez, & consulta auec eux de ce qu'il auoit à faire, & de la façon qu'il se deuoit comporter en cette conjoncture. L'aduis general & le sentiment commun, fut de s'en retourner en son pays & de vuider Esbare. Car ils estoient là, comme les adulteres dans le mois Ramadan, & les Zendiques à la Lecture de l'Alcoran. Apres que l'air fut despoüillé de sa robe noire, & eut estendu par les climats les pans de son grand manteau blanc, le dragon de l'aube du iour faisant rejaillir sur les toits l'esclat de ses luisantes escailles, les Commandeurs des troupes & Chefs de la Milice, Turcs, Chorasanois, Indiens, Gueraquois, vindrent suiuant la coustume saluër Alladade, & prendre ses ordres. Il se retira auec les principaux d'entre eux, & parla à chacun d'eux l'vn apres l'autre, leur faisant entendre nettement ce qui estoit arriué, & leur demandant là dessus leurs aduis, & ce qu'ils trouueroient bon de faire en cette rencontre; leur recommandant au surplus le secret, de peur que les Mogols n'en eussent la connoissance. *Mais quel moyen de cacher la splendeur du Soleil au milieu du Ciel, ou de faire accroire à vn homme qui a deux bons yeux, qu'il est nuict quand il voit le grand iour luire?* Ils se rapporterent tous à luy de ce qu'ils deuoient faire, & luy promirent de ne dire mot. Il les requist ensuite tous en general de l'assister en l'execution de ce qu'il resoudroit en son conseil, raisonnablement & suiuant l'ordre. Ils luy accorderent sa demande, & luy promirent obeïssance en tout ce qu'il leur commanderoit. Il leur demanda leur serment là-dessus, comme ce qu'ils disoient de bouche estoit conforme à la pensée de leur cœur. Ils luy iurerent tous qu'ils ne disoient rien qu'ils n'eussent dessein de faire, qu'ils suiuroient en toutes choses ses sentimens, & ne desobeïroient point du tout à ses ordres. S'estant ainsi asseuré d'eux, & les ayant engagez par leurs sermens à luy tenir fidelité, l'affaire procedant selon son souhait, il leur parla ainsi. *Braue & genereuse troupe, leur dist il, Dieu vous conserue heureusement, & vous preserue de tout dommage. Ie suis d'aduis pour le present de vous seruir moy - mesme de Prelat en cette Ceremonie, de m'en aller auec mes gens deuant à Samercand donner ordre à vos affaires, & procurer pour vous en vostre absence. Je vous iure par la droite de Dieu, que ie ne m'y endormiray point, & que i'y apporteray toute la diligence possible. Ne craignez point que ie vous laisse icy en proye au passage de l'ennemy. Si donc vous trouuez bon de demeurer icy quelque temps, & de vous y maintenir vnis en bonne intelligence contre les courses des ennemis, ie ne tarderay que le temps necessaire pour aller d'icy passer la riuiere de Chagende, & me rendre à Samercand. Attendez seulement que i'aye fait ce voyage, & veu Chalile Sultan.* Ils approuuerent son dessein & s'accommoderent à sa volonté, luy promettant de ne point se debander apres son depart, & de demeurer tousiours fermes dans l'execution de ses commandemens. Ils eurent pour Commandeur pendant son absence le Chef des troupes

Gueraquoifes, qui eftoit le plus ancien de la compagnie fans contredit. Il diftribua les corps de garde fur les murailles de la ville fuiuant l'ordre, & gouuerna toute cette armée, comme vn Prophete fon Peuple, quoy qu'il s'appellaft Exempt. Enfuite de cecy, Alladade donna ordre à fon partement, & fortit de là le dixfeptiefme iour du mois Ramadan cy-deffus mentionné, fans confiderer s'il faifoit froid ou chaud. Il s'eftoit entierement habitué & eftably à Efbare, y ayant fait venir fes femmes & fes enfans. Il ordonna donc à toute fa famille & à tout fon train de le fuiure, & emmena auec luy tous fes gens, grands & petits, fans rien du tout laiffer là de ce qui luy appartenoit. Ils marcherent à diuerfes reprifes, tantoft vifte, tantoft lentement, tantoft le droit chemin, tantoft par des deftours, incommodez des glaces & des neiges dont la terre eftoit couuerte, & contrains d'interrópre la fuite de leur chemin, fous les broüillars obfcurs, dont le Ciel les accabloit; fi bien que la Fefte Maigre les atteignit en vn lieu nommé Culatageuque, des plus froids de tout le pays; car il femble que ce foit la fource du vent de Bife. *Quand la Fournaife Infernale*, dit le vers, *a befoin de rafraichiffement, elle refpire l'air de fon midy.* Il vint là à Alladade vn mandement de la part de Chalile Sultan, par lequel il luy racontoit *ce qui eftoit arriué à fon Grand-pere, & comme il eftoit demeuré apres luy en poffeffion de fon Throne, tous les Seigneurs, tant les plus puiffans que les moindres, s'eftant rangez fous fon obeïffance; que fes affaires, graces à Dieu, alloient fort bien, & que l'Eftat fe maintenoit*

dans sa forme ordinaire sans aucun trouble ny desordre.
Qu'il n'innouast donc rien, & ne quittast point son poste,
qu'il se tint ferme en sa ville, & demeurast auec ses troupes &
armées à Esbare, retenant chacun en son deuoir tant en public
qu'en particulier. Cette nouuelle luy donna bien à
songer & le mist en grande peine & irresolution, ne
sçachant ce qu'il deuoit faire, de poursuiure son
voyage où d'en demeurer là.   Il se mist à penser en
luy mesme, à mediter & prendre ses mesures, cherchant l'expedient le plus propre pour se tirer de ce
mauuais pas. Pendant qu'il flotoit dans ces pensées,
tournant tantost d'vn costé, tantost de l'autre, sans
se pouuoir determiner, voicy vn deputé, qui arriue
vers luy de la part de Chadaïdade, l'exhortant de sortir d'Esbare & de le venir voir au pluftost. Il se trouua
ainsi deliuré de la peine, en laquelle l'auoit ietté
Chaliie Sultan sur son depart d'Esbare, & s'estant
mis l'esprit en repos, dormit seurement apres de
grandes inquietudes. L'irresolution, en laquelle il
auoit esté, fut incontinent arrestée par le ferme dessein qu'il prist alors suiuant ses intentions. Il estoit
pourtant encore bien loing de ce qu'il pretendoit
& rencontroit de grandes difficultés à surmonter
auant que d'y pouuoir paruenir, ayant deuant luy la
Riuiere du Sichone & Chadaïdade.   Il poursuiut
cependant son chemin & continua son voyage tant
qu'il arriua aupres de Chadaïdade, qui fut fort
ioyeux de le voir & prist sa venuë pour vn heureux
presage du succes de ses desseins. Ils passerent depuis, eux deux ensemble, la Riuiere de Chagende, ti-

rant vers Samercand, & marchant quelque temps
doucement & paisiblement, iusques à ce qu'ils furent arriuez en vn lieu nommé Tisec. Ils commencerent là à tirer l'espée & à faire le rauage comme en
pays ennemy. Ils inuestirent l'Escuyer de Tamerlan
& pillerent ses Haras, se saisissant de tout ce qu'ils
peurent attraper, & faisant grand degast, sans rien
espargner, comme s'ils eussent esté quelque reste
des bandes de Themod & de Gad. Ce fut là le commencement des maux & la premiere estincelle de
l'ébrasemét, qui rauagea ce pays & luy fît esprouuer
derechef les rigueurs de la guerre, qu'il ne cognois-
soit plus depuis que Tamerlan s'estoit rendu maistre des ressorts de Samercand. Car les habitans de
cette contrée auoient iouy d'vne profonde paix &
estoient demeurez exempts de tous les malheurs
de la guerre tant qu'il auoit vescu. Ces paisibles
passans estant alors arriuez iusques chez eux, le mal
leur vint d'où ils ne l'attendoient pas, & ce au mois
Sauale de l'an sept, c'est adire de l'an mesme auquel
Tamerlan estoit mort, sans que Chalile Sultan peust
y donner ordre.   Cependant les gens de guerre,
qu'Alladade auoit laissez à Esbare, apprehendant
que les Mogols ne vinssent fondre sur eux & ne les
accablassent, commencerent à s'assembler par troupes & à prendre diuers aduis.   Quelques vns vouloient tenir constamment leur promesse, disant,
qu'ils ne manqueroient point à la parole, qu'ils
auoient donnée & ne fausseroient point leur foy.
Nous sommes, disoient-ils, *engagés par promesse solennelle,*

que vous auons fait ferment de garder; nous ne nous en dedirons point. C'est le moins que nous puissions faire, que d'attendre, qu'il nous soit venu quelque nouuelle de la part d'Alladade; nous verrons ce qu'il nous mandera & quel chemin il prendra, & recognoistrons là dessus si nous aurons bien fait ou malfait. Si les choses se trouuent proceder selon nostre souhait, nous ferons comme il nous dira & suiurons l'ordre de son mandement, nous rangeant auec le gros de la troupe; s'il nous ordonne quelque chose, qui ne nous plaise pas, nous nous tirerons alors de nostre costé, chacun donnera ordre à ses affaires & faira ce qu'il auisera bon. Les autres furent d'aduis, de quiter ce poste & de sortir au plustost d'Esbare, & la dissension fut telle entre les deux partis, que des paroles ils en vindrent aux mains, si bien qu'vn des Capitaines Chorasanois fut tué dans le combat. La dessus quelques vns donnant ordre à leurs propres affaires, si tost que le soir fut venu, sans differer plus long temps, plierent bagage, & sortirent de la ville, laissant la maison toute seule publier les nouuelles de la mort de celuy, qui l'auoit bastie. Le reste ne peut faire autre chose, que de les suiure incontinent & de vuider pays. Car l'habitude, qu'ils auoient faite d'abord en ce lieu, n'estoit pas plus affermie, que ces cabanes qu'on bastit sur les neiges. Ils prindrent donc tout leur train & equipage generalement, sains & malades, & abandonnerent la place, emportant tout ce qu'il y auoit dedans de bleds, de prouisions, de commodités, de meubles & d'vtensiles de prix, sans qu'il y restast de toutes ces troupes enfermées, que ce

qu'ils ne peurent tranfporter de meubles incom-
modes, & vne femme folle. Ils fe rendirent ainfi
aupres d'Alladade, qui eftoit pour lors chez Chadaïdade, & qui fans maltraiter aucun d'eux pour ce
qu'ils auoient fait, s'excufa mefme à eux fur ce qu'il
auoit efté retenu par Chadaïdade & empefché de
pouffer iufques à Samercand pour y faire leurs affaires ; leur ordonnant feulement de demeurer aupres de luy prefts à marcher & à prendre l'occafion
de fe rendre à Samercand, quand elle fe prefenteroit.
Cette auanture perfuada à Chadaïdade, que l'inimitié entre Alladade & Chalile Sultan eftoit irrecon-
conciliable, & l'obligea de prendre quelque confiance en luy. Il commença à vfer de fes aduis & à le
confulter fur ce qu'il auoit à faire. Il y auoit chez
Chadaïdade vne troupe de valets des gens de guerre
demeurez apres l'armée en ces quartiers là, & tom-
bés dans le deftroit, n'ayant aucun moyen de fe tirer
d'étre les mains Il luy prift enuie de fe defaire d'eux;
mais Alladade ne fut pas de ce fentiment, difant, *que
la couftume des gens d'efprit eftoit de gaigner les aff. ctions des
hommes, particulierement dans les commencemens de leurs
affaires, & à l'abord des mal-heurs. Ne chaffez point le
monde, difoit il, vfez pluftoft de liberalité & de courtoifie.
Quel profit y a t il à tuer ces miferables, ou à les tourmenter,
finon d'aliener de nous les volontés de leurs maiftres & a les
obliger d'eftre nos ennemys ? peut eftre quelcun d'eux eft-il
dans le deffein de quitter Chalile Sultan, & ne fait que chercher vn homme & vn lieu de feureté pour s'y refugier. La
neceffité le pourra obliger de s'adreffer dans les Prouinces de
Turqueftan;*

Turquestan; mais si vous l'offensez & le maltraitez en la personne de ses seruiteurs, quelle esperance ou confiance aura-t-il apres cela en vous? Le moins que vous puissiez faire en cette conjoncture, cher amy, c'est de les bien traiter chez vous, ou de les renuoyer courtoisement. Par ce moyen, leurs Maistres demeureront nos amis, comme ils le sont de Chalile Sultan. Si vous agissez auec eux liberalement, vous captiuez la bienueillance de tout le monde, & jettez la diuision entre ceux qui sont d'accord de vous haïr. Chadaïdade ayant entendu ses raisons, se rapporta entierement à luy de ce qu'il auoit à faire en cela. Il luy conseilla de les laisser aller, & de les obliger en partant de toute sorte de courtoisie. Il creut son conseil, & les renuoya auec beaucoup de bonté & d'humanité. Ils poursuiuirent ainsi joyeusement leur voyage, & allerent rejoindre leurs Maistres.

VIII. En suite de cecy, Chalile Sultan enuoya vn deputé vers Alladade, pour le prier *de moyenner sa reconciliation auec Chadaïdade, de tascher de luy regagner son esprit, & de les remettre bien ensemble, luy faisant oublier ce qui s'estoit passé. Qu'il prist soin de cela à sa priere, & s'y employast de la bonne façon. Que pour luy il le faisoit arbitre de leurs differens; qu'il taschast de contenter l'vn & l'autre.* Alladade alla aussi-tost trouuer Chadaïdade, & luy communiqua cette nouuelle, luy faisant voir tout le contenu de la Lettre sans luy en rien cacher. La cause de l'inimitié entre Chalile Sultan & Chadaïdade, estoit à ce qu'on dit, que Chalile Sultan estant dans le commencement voisin de Chadaïdade dás ces Prouinces, son Grand-pere luy ayant

donné charge d'auoir l'œil fur luy, & de regler fa
conduite, comme il eſtoit d'vn naturel rude, aſpre,
farouche & defagreable, il le traitoit inhumainemét
& rigoureuſement. Chalile Sultan eſtoit d'vn naturel doux & delicat, & auoit grande peine à fuppor-
ter les rigueurs de Chadaidade, & la froideur de fon
temperament, eſtant fort incommodé de fa dureté
& difcourtoifie. Ce fut de là que vint leur diſſenfion,
qui s'augmenta depuis à tel point, qu'il luy enuoya
fous main du poiſon qu'il priſt effectiuement; mais
s'en eſtant apperceu de bonne heure, il y donna remede, & s'en fauua; de façon pourtant qu'il en demeura depuis mal difpoſé, & fe fentit toufiours de la
violence qu'auoit faite fur luy ce breuuage, qui n'e-
ſtoit pas capable de moins que de luy donner la
mort. Depuis cela, ils eurent toufiours vne haine &
inimitié irreconciliable l'vn contre l'autre, qui de
particuliere deuint enfin publique, & fut cauſe des
grands defordres qui arriuerent dans l'Eſtat. Apres
ce que nous auons dit cy-deſſus, Alladade jura à Chadaïdade les plus grands & plus authentiques fermés
qui fe puiſſent faire, les confirmât par l'entremiſe de
l'Alcoran, qu'il priſt à teſmoin, mettant la main def-
ſus, & y adjouſtant les imprecations de la repudiation, auec les obligations, les vœux & les promeſ-
fes les plus folennelles, *qu'il ne fe retireroit iamais de
fon feruice, ny changeroit fon party pour aucun autre; &
que s'il alloit à Samercand, il s'employeroit à racouſtrer ce
qui eſtoit rompu, à rejoindre ce qui eſtoit feparé, & à reünir
les deux partis enfemble, appaifant les eſprits offenfez les vns*

contre les autres, & extirpant de tout son pouuoir les vieilles rancunes & inimitiez ; que de plus, il tascheroit de luy faire auoir Toumane l'vne des vefues de Tamerlan, & qu'en
vn mot il feroit tout ce qu'il pourroit pour remettre les affaires en bon estat, & bannir les malheurs auec les haines ; que
si il n'en venoit pas à bout, en tout cas il ne se departiroit iamais de l'amitié qu'il luy auoit vuée, ny en public, ny en
particulier. Il se mit en suite à le flater & amadoüer, &
à s'insinuer en son esprit par ses feintes caresses, pre-
uenant tous les suiets qu'il eust peu auoir de se defier
de luy, luy reïterant des sermens qui faisoient trem-
bler ceux qui les entendoient, iurant par l'vnité de
Dieu, & y adjoustant la repudiation des trois de ses
quatre femmes. Ils estoient campez sur le bord du
Sichone le long de l'eau à enuiron deux postes de Sarachie. Il fist si artificieusement joüer les ressorts de
ses machines, qu'il le fist tomber dans le piege ; il le
vanna & cribla si bien, qu'il le purgea de toute defiance, & le contraignit d'adjouster foy à ses pro-
messes, & de le laisser aller là dessus. Alladade partit
donc ainsi, & alla rejoindre ses confidens, & prendre son train & ses troupes qui estoient à Sarachie,
leur faisant sçauoir cette nouuelle. Il auoit dés auparauant mis ordre à ses affaires, & fait assembler de
tous costez ses armes & son equipage. Il troussa donc
incontinent bagage, & passa le Sichone de nuict
dans des bateaux. Estant arriué de l'autre costé luy
& tous ses gens sans laisser personne derriere, il fist
aussi tost charger son equipage, & armer son monde ; & sans autre Adieu se mist en chemin, faisant

marcher ſa famille & ſon bagage deuant en toute diligence. Il manda en meſme temps cette nouuelle à
Chalile Sultan , & luy fiſt ſçauoir ce qui s'eſtoit paſſé
entre luy & Chadaïdade, le priant d'enuoyer quelque eſcorte audeuant de luy capable de le ſecourir
& de le proteger, ſi d'auanture Chadaïdade venant à
ſe douter de ſon deſſein & à deſcouurir l'artifice de
ſon retour, enuoyoit apres eux du monde pour les
retenir & les empeſcher de paſſer outre.   Apres cela ils continuerent leur voyage au plus viſte , marchant le droit chemin, tant que le matin ils ſe trouuerent arriuez en lieu de ſeureté.   Ils ne laiſſerent
pas de paſſer outre & de s'auancer inceſſamment,
trauerſant les vallées & les montagnes, les prairies &
les campagnes, les deſerts & les bois, ſans s'arreſter
de tout le iour, tant que la nuiᥴt eſtant venuë, la laſſi-
tude les gaignant, les hommes & les beſtes n'en pouuant plus, ils les fiſt deſtourner à la faueur des tenebres en vn certain vallon pour y reprendre haleine
& ſe repoſer quelque temps, defendant cependant
d'allumer du feu , de s'endormir, & de ſe deſarmer.
Ils prindrent par meſme moyen vn leger repas, ſeulement pour conſeruer leurs forces, priant Dieu &
implorant ſes faueurs en cette extremité, & ſans tarder que ce qu'il falut de temps pour repaiſtre leurs
beſtes, ils rechargerent incontinent ſuiuant ſon ordre, & reprindrent leur route, gaignant pays. Cependant Chadaïdade ſe reueilla de ſon ſommeil &
ayant deſſillé ſes yeux, recogneut qu'Alladade l'a-
uoit trompé & dupé, l'enchantant de ſes diſcours, &

luy iettant de la poudre aux yeux par le moyen de
ses sermens, auquels ils s'estoit laissé surprendre. Il
s'en mordit les mains de despit & de repentir, comme vn tyran moqué, & ayant incontinent mis sur
pied vne grande armée, l'enuoya apres luy.   Ils le
poursuiuirent promptement, & tascherent de le rat-
traper ; mais leurs peines furent inutiles, ils n'en
peurent auoir ny vent ny voye. Ils tournoyerent
quelque temps & le chercherent de tous costés,
puis voyant qu'ils ne gaignoient rien, ils reboutte-
rent chemin & s'en retournerét. Alladade arriua où
il desiroit estre, & trouuant la Charge de Vizir va-
cante, il en fut aussi-tost pourueu tout seul; car Siche
Nouroldin & Sa Malque s'estoient tous deux reti-
rés auant sa venuë , & tous ceux , qui auoient
enuie de se rebeller, auoient en mesme temps pris la
fuite & vuidé le pays.   Chalile Sultan fut raui de le
voir & luy donna incontinent le premier rang dans
sa faueur au preiudice de tous les autres Vizirs &
grands de l'Estat.   Il demeura ainsi en pouuoir de
tout ce qu'il voulut, disposant des affaires à sa mode
& remuant & aiustant tout à sa fantaisie. Il s'employa donc aussi-tost à mettre bon ordre partout, &
enuoya des troupes où il en estoit besoin pour garder les frontieres.   Le peuple fut remis en repos &
les troubles apaisés ; chacun reprist son rang & son
train de vie ordinaire, toutes choses se restablissant
en leur ordre accoustumé , & s'affermissant sur de
bons fondemens. Ils faisoient , luy & Brandac &
Argon Sa, & vn autre nommé Cageuque , toutes les

affaires de l'Eftat ; il n'y auoit rien , qui ne paffaft par leurs mains ; mais Alladade eftoit le Grand Maiftre, le Pole de la Sphere & le Centre du Cercle ; c'eftoit à luy , que tout fe raportoit , il lioit & delioit. Siche Nouroldin & Chadaïdade pourfuiuirent leurs rauages, ruinant & pillant les Prouinces , fi bien qu'ils deuindrent maiftres des frontieres de Turqueftan & des Prouinces de ces quartiers là, & entre autres des refforts de Sirame, de Naficand, d'Andecan , de Chagende, de Sarachie, d'Anzare, de Segnac , & des autres villes fituées en ces quantons & pays. Ils paffoient quelquefois le Sichone & faifoient des courfes & des rauages dans le pays dela là Riuiere; Chalile Sultan de mefme paffoit quelquefois chez eux, ou y enuoyoit des troupes & armées , & en tout cas ne leur permettoit iamais de prendre pied du cofté de deça , les renuoyant toufiours en deroute. Nous parlerons de tout cela plus particulierement cy apres.

I X. Au refte les Mogols ayant eu nouuelle, que Tamerlan fe remettoit en campagne & prenoit fa marche du cofté de leur pays auec vn equipage capable de forcer toutes fortes d'obftacles, & de renuerfer tous ceux, qui s'oppoferoient à fon cours, ne doutant point qu'il ne vint à bout de fes deffeins, & qu'il ne fift tomber dans fes filets le gibier qu'il pourfuiuoit; eftoient entrés en grande peine , & ne pouuant fe refoudre de l'attendre de pied ferme, auoient commencé tous d'vn mefme aduis a prendre la fuite & à fe difperfer par le pays, fe renfermant

dans les Chasteaux, gaignant le sommet des montagnes, se refugiant au haut des rocs escarpés & dans
les lieux les plus inaccessibles, où s'enseueliffant
comme des morts dans le creux des autres & des ca-
uernes. Tous les habitans des quartiers à main droite de la Daste, & des pays Septentrionaux, n'en faifoient pas moins, se respandant dans les vastes solitudes de leurs sables amoncelés. Les peuples Orien-
taux & les Chetéens iusques aux frontieres de la Chi-
ne, & tous ceux de ce costé là, commencerent pareillement a courir vagabons, prests à se ietter dans la
premiere cauerne rencontrée où autre lieu d'asyle &
de refuge, quelques fiers & orgueilleux qu'ils fussét.
Et certes la terreur de ses armes & l'exces de son bonheur estoit venu à tel point, qu'il pouuoir accabler
tout le monde d'espouuante tant en Orient qu'en
Occident. *Ses arcs, disent les vers, iettoient d'eux mefmes les flesches à trauers les cœurs, sans que personne les deco-
chaft; ses cimeterres abbatoient les testes tous seuls, sans qu'on
les deschargeaft; ses troupes marchant en bataille, au seul
bruit de leurs voix, & à la seule veuë de leur demarche, sans
coup fraper, metoient les armées en deroute.* Mais les nouuelles estant changées, tout cet appareil reprenant
le chemin de Samercand, le bruit passant de l'vn à
l'autre & se respandant par tout, & la verité se faisant
cognoistre, & se rendant si manifeste, qu'il n'y auoit
plus aucun moyen de la nier ny de la contredire,
chacun se remist le cœur au ventre, & changea son
espouuante en ioye & en asseurance; tout le monde
songea à se vanger, apres auoir long temps souffert,

à courir aux represailles de ce qui luy auoit esté raui,
à se deliurer de la seruitude, dans laquelle on l'auoit
enchaisné. Les premiers, qui se mirent en campagne
du costé d'Orient, furent les Mogols, qui se ietterent
sur Esbare & sur Asicol, & se respandirent dans ces
Prouinces si au large qu'ils deuindrent voisins de
Chaldidade, & l'obligerent de faire paix & alliance
auec eux, au moyen qu'il leur rendroit toutes les places que Tamerlan auoit prises sur eux, & qu'a l'auenir ils demeureroient vnis emsemble contre qui-
conque les voudroit attaquer.   Ils furent depuis
bons voisins les vns aux autres, & par le moyen de
ce traité ces Prouinces là demeurerent paisibles.
Idequas se remua ensuite du costé du Nort, & ayant
assemblé des troupes nombreuses comme les sables,
armé de force & de conseil, passa dans les Prouinces
de Chouuarzam, dôt estoit pour lors Gouuerneur vn
nommé Musicas. Celuy-cy espouuanté de la venuë
des Tartares, ramassa sa famille & tous ceux qui luy
appartenoient, & prist la fuite. Cecy arriua apres
que les Tartares du pays Romain, qui auoient esté
mis entre les mains d'Argonsa, s'estant reuoltés &
ayant passé le Gichone pour lors glacé, Argonsa se
fut aussi retiré chez luy. Idequas auança donc iusques à Chouuarzam & s'en rédit maistre, & poussant
ensuite auec sa cauallerie vers Bouchare, en rauagea
les enuirons, puis retourna à Chouuarzam, ayant
donné la chasse & l'espouuante aux Gegréens.   Il
donna le Gouuernement de Chouuarzam & de ses
ressorts à vn nommé Ancas. Apres cela ces quartiers

icy

icy demeurerét auſſi paiſibles,& les habitans eurent
repos & ſeureté, au moyen que Chalile Sultan rendant le bien pour le mal , ſe miſt à captiuer les bonnes graces de tous ſes ennemys, obligeant tout le
monde, & prenant les Lyons rauiſſans en leur donnant proye. Il fut ainſi aimé de tous ſes voiſins pres
& loing ; chacun le fauoriſa & luy voulut du bien.
Il n'y eut que Siche Nouroldin & Chadaïdade qui
s'obſtinerent en leur rebellion & qui continuerent
leurs rauages, ſibien que les pays des deux frontieres
ſe trouuerent ruinés par leurs courſes & par leurs
pillages.

SVITE DE L'HISTOIRE DV GRAND TAMERLAN,

Traduite de l'Arabe du fils de Guerapse Par P. VATTIER.

LIVRE SECOND.

SOMMAIRE.
SARACHI PREMIER SVLTAN
des Mogols dans les Indes.

I. La Sommation de Bir Mahomet, & la responfe de Chalile Sultan. II. Reuolte de Sultan Chefine. III. Bir Mahomet Vaincu a Carfi. IV. Retraite des Gueraquois. V. Bir Mahomet vaincu à Chafarfadman. VI. Birgalitaze tuë Bir Mahomet fon maiftre, & les Indes fe foufmettent à Sarachi. VII. Chalile Sultan donne la chaffe à Chadaïdade. VIII. Mort de Siche Nouroldin. IX. Termad & le Fort des Indiens. X. Sarachi conquefte la Gueraque Gageme. XI. Sadomalque & Babatermes. XII. Alladade mefcontent liure Chalile Sultan à Chadaïdade. XIII. Sarachi conquefte Samercand. XIV. Chadaïdade eft tué par les Mogols XV. Chalile Sultan, apres auoir remis le Turqueftan entre les mains de fon encle Sarachi, meur empoifonné, & Sarachi demeure feul des enfans du Grand Tamerlan, premier Sultan des Mogols dans les Indes.

I. ¶Ependant Bir Mahomet coufin germain de Chalile Sultan, c'eft à dire celuy, que Tamerlan auoit défigné pour fon fuccef-

feur depuis la mort de Mahomet Sultan , dont il
eſtoit frere, ſortit de Candahar,& prenant ſa marche
vers Samercand auec vne armée nombreuſe, enuoya
declarer à Chalile Sultan & à tous les grands de l'E-
ſtat , *qu'eſtant le coadjuteur & deſigné ſucceſſeur de ſon
Grand pere Tamerlan , il trouuoit fort eſtrange, qu'vn autre
s'emparaſt à ſon prejudice de la Capitale de l'Empire , qui
n'appartenoit qu'à luy , & le troublaſt dans la poſſeſſion de
ſon eſtat.* Tous les Seigneurs luy reſpondirent in-
differemment ſans conteſter ſa demãde; Chalile Sultan ſe miſt ſeul en fait de le contredire , & de la refu-
ter, en oppoſant à chaque point de ſon contenu ce
qui ſe pouuoit dire au contraire. *Dans noſtre different,*
diſoit il, *mon couſin, il n'y a que deux choſes à conſiderer, à
ſçauoir ſi en la conionĉture où nous ſommes, la Seigneurie ſe
doibt tenir à droit de lignage où a droit d'acqueſt. Si le premier
à lieu il y en a d'autres plus habiles que vous & que moy à
la poſſeder , ie veux dire mon pere Amiranſa , & mon oncle
Sarachi ſon frere. En ce cas là , elle doit eſtre partagée egale-
ment entre ces deux, & vous n'auez rien à dire deuant eux.
Pour moy, il y a plus de raiſon, que i'en tienne cette partie &
en iouïſſe & la gouuerne, ſoit que chacun d'eux deux me la
quitte volontiers & me cede les droits qu'il y a , ſe contentant
de ce qu'il tient, & ne pretendant point dauantage ; ſoit qu'il
m'y eſtabliſſe ſon Lieutenant , pour y repreſenter ſa perſonne
& y conſeruer ſes intereſts. Si le ſecond ſubſiſte , voſtre diſcours eſt ſans raiſon puiſque le Prince , ſuiuant le prouerbe,
n'a point d'enfans. Et certes des auant que nous fuſſions au
monde vous & moy, le vers triuial dit ; dreſſez vos che-*
uaux, pouïllez vos armes, & trouſſez voſtre iacque-

te ; c'est a qui l'emportera. *Vous me dites sur tout cela*, *que vostre Grand pere vous à declaré son coadjuteur
& a fait testament en vostre faueur*. *Mais luy, par quelle voye s'est il rendu maistre, sinon en s'emparant de ce
qu'il a peu saisir? par quels moyens vous a-t-il mis en possession de tant de Seigneuries, sinon par ses victoires & par ses
conquestes? Et pour en venir où vous pretendez, s'il faut ra-
tifier les dispositions, qu'il a faites, il a de son viuant parta-
gé ses Prouinces & en a distribué les gouuernemens à
ses fils & à ses petits-fils. Il a donné à mon pere les pays
d'Adrabigene, à mon oncle les Gouuernemens de Chorasane, à mon cousin Bir Omar la Gueraque Gageme & ses
dependances ; pour vous, il vous a donné pour vostre part
de tout cela, Candahar, & vous a fait son legataire
par son testament, puis il a plié bagage, & est party de ce
monde ; l'iniuste! & où est donc ma part, à moy, de ce qu'il
a laissé? cedez moy pour le moins ce que l'en ay conquis, &
que chacun se contente de ce qui luy a esté donné, & qui luy
a si peu cousté. Auec tout cela, si mon pere & mon oncle
vous accordent vos pretentions, ie ne les dediray pas ; s'ils
vous font valoir le testament & vous recognoissent pour
leur Prince, i'en fairay de mesme. Mais si nous voulons
en cecy suiure la raison & l'equité, La Seigneurie est
vn Gibier; qui met le premier la main dessus, c'est
à luy. Aussi Dieu en a-t-il cassé les faux pretextes,
en m'en mettant dans la veritable possession. Il me l'a
fait rencontrer, comme vne trouuaille ; qui s'en saisit
le premier, la garde. Encore donc que toutes ces raisons soient
de l'inuention de mon esprit, cependant la Iurisprudence poli-
tique suit mes sentimens; ceux qui ont part & interest à l'v-*

nion de l'Eſtat, m'accordent gain de cauſe ſans contredit, tien-
nent à bonheur de me voir en poſſeſſion de mon partage; &
eſtant bien informez de ce qui s'eſt paſſé à mon eſgard, ſe mettent entre mes mains, & me reconnoiſſent pour leur Prince.
Les Vizirs & les Grands de l'Eſtat, luy reſpondirent
de leur coſté, comme i'ay deſia dit, ſans luy rien diſputer, ſinon autant que ſe pouuoiét figurer eux meſmes ceux qui examinoient de plus prés leurs répon-
ſes. Il n'y eut que le ſieur Gabdolaual, le premier &
le plus conſideré Docteur du pays de delà laRiuiere,
arbitre des differens des plus grands & des plus puiſſans Seigneurs, & dont les iugemens regloient les
conteſtations des Capitaines & des Commandeurs,
qui fiſt vne reſponſe directe & expreſſe, & ſans am-
biguité, diſant ſon ſentiment en 'peu de mots, &
prononçant contre Bir Mahomet en faueur de Chalile Sultan, en reprenant les raiſons employées en ſa
demande. *Il eſt vray*, diſoit il, *que vous eſtes le Coadjuteur & deſigné ſucceſſeur du Commandeur Tamerlan; mais
le Ciel n'a point en cecy ſecondé vos deſirs. Car ſi le bonheur
vous en auoït voulu, vous vous ſeriez trouué proche de la Capitale de l'Eſtat. Il vaut donc mieux au point où vous eſtes,
vous contenter de ce que vous auez, & vous en tenir à ce que
vous poſſedez, taſchant de maintenir vos troupes & armées
dans l'obeïſſance, & de conſeruer par leur moyen les Prouinces qui vous ſont ſoumiſes. Si vous ne voulez pas demeurer
en repos, & vous contenter de ce que Dieu vous a donné; ſi
vous entreprenez la conqueſte du partage des autres, ſortant
de vos Eſtats pour enuahir tout le pays; vous vous mettrez
dans le hazard, quitant ce qui vous eſt aſſeuré pour aller cher-*

*cher ce que vous pretendez, & n'aurez enfin ny l'vn, ny
l'autre.*

II. Chalile Sultan ne se contenta pas ensuite des
subtilitez de ces discours, mais joignant incontinét
le effects aux paroles, il mist sur pied vne bonne armée pour aller au deuant de Bir Mahomet, en faisant General son cousin Sultan Chesine, fils de la tan-
te de son pere, accompagné des principaux Commandeurs Gegréens, & entre autres de Cageuque,
d'Argon Sa, & d'Alladade. Ils se mirent donc aux
champs auec ces troupes nombreuses & parfaitement bien equipées, en l'an sept, au milieu du mois
Dulcaguede, & passerent le Gichone, tirant du costé de Balche, où ils camperent, se respandant dans
ses enuirons, & tenant toute la campagne voisine.
Comme ils estoient là guais & joyeux, sans soucy &
sans inquietude, Sultan Chesine fist le malade, puis
appella les Commandeurs chez luy, comme pour
deliberer auec eux des affaires, & leur communiquer ses pensées, ayant auparauant mis du monde
en embuscade de costé & d'autre pour les enueloper. Si tost qu'ils furent arriuez en son logis, & tom-
bez dans le piege qu'il leur auoit rendu, il se jetta sur
eux comme le Lyon sur la proye, encourageant ceux
qu'il auoit apostez, qui ne manquerent point de dó-
ner dessus, & de les accabler de toutes parts. *Frappés,*
dit il, *ceux qui feront resistance, tant que leurs playes
les contraignent d'obeïr, puis les liez & les mettrez en lieu
de seureté.* C'estoit, comme nous auons dit auparauant, vn esprit lege, & volage, prompt & teme ai-

re à entreprendre, violent & fougueux, & qui auoit
pluftoſt fait que dit ce qui luy venoit en fantaiſie. Il
y en eut vn de la troupe tué ſur le champ nommé le
ſieur Ioſeph, qui auoit eſté du viuant de Tamerlan
Lieutenant de l'abſence à Samercand, Commandeur
celebre & connu. Il demeura ſur la place, & ne paſſa
point plus loin. Sultan Chefine ſe declara enſuite
Souuerain, & ſe fiſt reconnoiſtre pour tel par les peuples. Ces Capitaines icy furent fort ſurpris, ſe trouuant en vn moment reduits au deſeſpoir de leurs
vies & de leurs fortunes. Neantmoins Alladade ne
perdit point l'eſprit en cette rencontre; il rappella
ſes ſens egarez, recueillit ſa raiſon, & ſe miſt en meſme temps à crier, *Sultan Chefine*, demandant à parler à luy en particulier ſur ce ſujet. *I'ay*, luy diſt il
enſuite haut & clair, *vn bon & fidelle aduis à vous donner;* puis l'ayant tiré à part, ie me doutois bien, ad-
jouſta-t il, *que vous auiez ce deſſein, & ne faiſois qu'attendre que vous me fiſſiez l'honneur de m'en faire participant.
Car à quel tiltre Chalile Sultan pretend il regner tout ſeul?
mais cependant le reſpect que nous deuons à noſtre Maiſtre le
Sultan, eſt grand, & ne nous permet pas de luy declarer librement tout ce qui nous vient en penſée. Si vous m'euſſiez
donné la moindre connoiſſance de ce ſecret, ie vous euſſe diſpoſé les affaires conformément à vos nobles deſſeins & commandemens. La verité de ce que ie vous dis, n'eſt pas ſi cachée que voſtre noble entendement ne la puiſſe aiſement reconnoiſtre. Ie ſuis de tout temps voſtre ſeruiteur. Demandez
vn peu aux valets des ſoldats qui eſtoient detenus enſerrez
dans les liens de Chadaïdade, & aux Maiſtres meſme, qui eſt*

celuy qui les a deliurez de cette captiuité, degagez de cette prison, & exemptez des maux qu'ils estoient prests de souffrir chez luy? si ce n'auoit esté moy, il les auroit tous perdus & ruinez, eux & les leurs, de fond en comble. Il ne faut que s'en enquester à eux, ils diront comment cela s'est passé, & ne celeront pas la verité de cette auanture. Peut-estre vous en ont-ils desia dit quelque chose, quand ils sont venus vous voir, & vous ont par là donné bonne opinion de moy. S'ils ont fait autrement, ils ne vous ont pas rendu bon seruice. Il ne cessa de l'appaiser ainsi par belles paroles, de jetter de l'eau sur son feu, d'adoucir son esprit effarouché, & de calmer sa fougue, joüant adroitement son roolle & le prenant par son foible, tant qu'il luy fist gouster l'appast, & le jetta dans le panneau. Il creut à ses paroles, & prenant confiance en luy, vsa depuis de ses aduis dans la conduite de ses affaires. Apres s'estre tout à fait resolu de le conseruer, il delibera mesme auec luy s'il deuoit faire mourir ses compagnons. Alladade là dessus luy respondit en ces termes. *Il est certain*, dist-il, *que Chalile Sultan ne s'est rendu Maistre, qu'en obligeant & traitant doucement le monde. Car encore que ce soit vn homme de nulle valeur, sans courage & sans action, il n'a pas laissé de s'assujetir les plus braues & plus vaillans hommes par la douceur de son naturel, & par la profusion de ses largesses, qui sont maintenant espuisées & taries. Pour vous, graces à Dieu, on sçait bien quel homme vous estes; vous auez en assez d'occasions donné des preuues de vostre valeur; il n'est mention que de vos victoires; le bruit de vos exploits & des heureux succez de vostre conduite vous rend redoutable par tout le monde. Combien auez-vous tail-*

lé

lé en pieces d'ennemis dans le champ de bataille? voſtre ſeule
veuë eſt capable de donner l'eſpouuante, & de mettre les armées en deroute. Depuis que vous commandez des troupes
& conduiſez des armées, ie voy la victoire vous accompagner, & la valeur eſclater dans vos yeux. Ie m'aſſeure que
la plus grande partie des gens de guerre ſeront rauis de vous
voir paroiſtre, & ſauteront de joye ſçachant que voſtre entrepriſe les va mettre en eſtat de repos. Car ils ont beſoin d'vn
Chef qui les gouuerne, d'vn valeureux Heros, qui par ſon
heureuſe conduite conſerue leurs ames & leurs biens; d'vn
Prince genereux & agiſſant, puiſſant & victorieux, qui faſ-
ſe reüſſir ſes entrepriſes à ſa gloire & au repos de ſes ſujets, tel
que deſcrit le Poëte, quand il dit; il a joint la valeur à la
prudence, ce qu'il entreprend ſagement, il l'execute
courageuſement; & quand il dit; il n'appartient de
commander qu'aux hommes d'eſprit & de cœur;
qui ſçauent preuoir les hazards, & oſent les affronter.
Et qui eſt preſentement celuy qui a ces auantages, ſi ce n'eſt
vous? où faut-il chercher la valeur, la generoſité & la prudence, ſi ce n'eſt chez vous? la vertu vous fait par tout compagnie, & ne ſe trouue qu'où vous eſtes. Si Sa Maieſté &
ſonde Nouroldin euſſent penſé que vous euſſiez voulu les
prendre en voſtre protection, ils ſe fuſſent jettez entre vos
bras, comme en vn refuge aſſeuré, & n'euſſent point cher-
ché d'autre appuy que vous en leur diſgrace. En vn mot, vous
eſtes Maiſtre de tout, tous les hommes ſont vos ſeruiteurs. Cela eſtant ainſi, puiſqu'ils ſont à vous, ſoit que vous les conſer-
uiez, ſoit que vous les perdiez, c'eſt tout vn pour vous; mais il
vaut touſiours mieux conſeruer que de perdre; cela fait eſperer
les ſeruiteurs en la miſericorde de leur Maiſtre. Que ſi voſtre

O

sage conseil trouue, qu'il soit plus à propos de nous laisser tous liés & enchaisnés pour plus grãde seureté, il est le Souuerain, & on ne peut mieux faire, que de suiure ses ordonnances & executer ses arrests. Il luy proposa cecy de la sorte, connoissant bien son naturel & la portée de son esprit, & l'obligea ainsi de chercher sa propre ruine & de courir luy mesme apres son malheur. Il fist donc venir les Commandeurs, qui estoient en son pouuoir & en sa disposition absoluë, comme de miserables captifs; tous ceux, qui leur apartenoient, s'estoient desia tirez chacun de son costé, & auoient porté chez eux les nouuelles de leur infortune, si bien qu'on les pleuroit comme des gens desia morts; il prist cependant d'eux ses seuretez, non seulement en les chargeant de fers, mais encore en les faisant iurer, qu'ils l'accompagneroient en toutes ses entreprises, & tiendroient par tout son party contre Chalile Sultan. Chacun estendit le pied pour receuoir les fers, & la main pour faire le serment, luy promettant tout ce qu'il demandoit, & l'asseurant, que leurs personnes & leurs biens, leurs seruiteurs & leurs enfans estoient entierement voüés à son seruice. Apres s'estre ainsi asseuré d'eux, il leur donna quelque relasche, ayant ce qu'il souhaitoit; les laissant pourtant, tousiours liez. Il tourna bride ensuite du costé de Samercand, & enuoya en mesme temps faire sçauoir à Chalile Sultan l'estat & le succes de ses affaires, & l'aduertir qu'il s'apprestast, si bon luy sembloit, à se defendre contre luy, veu qu'il auoit desia repassé le Gichone pour le retourner voir en inten-

tion de luy demander auſſi bien que les autres ſa
part des Eſtats de ſon oncle, ne pouuant pas le ſouffrir ſeul eſtably dans ſon throne. Chalile Sultan fiſt
en effect ſes apreſts au plus viſte, & partit incontinent de Samercand pour venir au deuant de luy. Cependant Sultan Cheſine fiſt venir deuant luy Alladade & les autres Commandeurs, qui le ſuiuoient en-
ferrés, & apres auoir tout de nouueau pris leurs ſermens, & leur auoir fait confirmer les promeſſes de
fidelité, qu'ils luy auoient deſia faites, il les deliura de
leurs chaiſnes, les remiſt chacun en ſa charge, leur
rendit le rang & les honeurs qu'ils auoient poſſedez, & les combla de bienfaits & de courtoiſies eux
& les leurs; puis pourſuiuant ſon voyage auec eux,
fiſt ſi bien qu'il arriua iuſques à la ville de la Caſſe.
Alladade auoit quelque temps auparauant enuoyé
vers Chalile Sultan, pour luy faire ſçauoir cette auanture & luy donner aduis du malheur, qui leur eſtoit
arriué, l'exhortant au reſte de prendre bon courage,
& de croire, que Dieu ſeroit pour luy en cette occaſion & que ſes affaires iroient bien. *Defendez vous,*
diſoit-il, genereuſement & vaillamment ſans prendre l'eſ-
pouuante. Voſtre ennemy eſt dans la naſſe; Dieu vous don-
nera bien toſt victoire; vous ne ſerez pas long temps en ce
ſoucy. N'ayez point de peur; quoy que vous ſoyez ieune &
nouuellement eſtably, l'affection, qu'on vous porte, ne laiſ-
ſe pas d'auoir ietté de profondes racines dans les cœurs de vos
ſubiets; on vous cherit plus, que ceux qui ont vieilly dans la
poſſeſſion de leurs Eſtats; tout le monde vous veut du bien.
Chalile Sultan s'auança donc iuſques au lieu ſuſdit.

Sultan Chefine difpofa fon armée auec fon impru-
dence & legereté ordinaire, donnant la conduite de
l'aile droite à Alladade, & de la gauche à fes deux
compagnons. Les deux armées eftant en prefence
l'vne de l'autre, fi toft qu'elles commencerent à s'a-
procher, l'occafion de faire voir ce qu'on auoit en
l'ame, eftant venuë, n'eftant plus queftion que d'en
venir aux prifes, & de donner chacun de fon cofté;
Alladade & fes compagnons pafferent incontinent
du cofté de Chalile Sultan. Les troupes de Sultan
Chefine demeurerent tout efperduës; il fe trouua en
vn moment denué & abandonné & reduict au dernier defefpoir. Dans cette extremité, il ne peut faire
autre chofe que de tourner bride & de fe tirer fecre-
tement, gagnant pays, & trauerfant les deferts & les
campagnes tant qu'il arriua aupres de fon coufin Sarachi Seigneur d'Arie, où il ne demeura pas long
temps viuant depuis, foit qu'il fut empoifonné, foit
qu'il mourut naturellement chez luy. C'eft ainfy
que fe terminerent les affaires de Sultan Chefine.
Chalile Sultan s'en retourna bien ioyeux en fa capitale.

III. Cependant Bir Mahomet continuoit dans
fes pretentions, & pourfuiuoit fes demandes inceff-
famment, auançant toufiours chemin. Il fe fift entre eux plufieurs ambaffades de part & d'autre à diuerfes fois, mais tous ces pourparlers furent de nul
effect. La querelle ne fe pouuoit vuider par de fim-
ples paroles, il falut en venir aux mains, & voir qui
l'emporteroit de force. Bir Mahomet auoit pour

chef de son Diuan & pour premier ministre de son
Estat vn nommé Pir Galitaze qui disposoit de toutes
ses affaires en effect & en apparence. On se raportoit
à luy de tout, c'estoit le centre du cercle & le pole
de la sphere, ses aduis regloient les conseils, sa valeur
appuyoit les armes & soustenoit les courages. Les
armées de Candahar ne subsistoient que par luy ; s'il
panchoit d'vn costé, tout le reste y tomboit. Il marcha donc, suiui generalement en sa conduite, sans
que personne contredist ses arrests, traisnant auec
luy cette mer flotante, ce torrent debordé, cette nuë
inondante, tant qu'il arriua sur le bord du Gichone,
où il arresta vn peu ses flots. Il fist ensuite monter ses
troupes dans les vaisseaux pour passer cette grande
Riuiere. On voyoit deux mers l'vne sur l'autre, l'vne
douce & potable, l'autre salée & amere, dont les
ondes s'entrechoquoient. Ils passerent ce fleuue
aussi facilement, que les Israelites passerent autrefois
la mer, & s'auancerent au delà, poursuiuant leur route, tant qu'ils arriuerent aux enuirons de Nechaseb.
Chalile Sultan auoit cependant de son costé mis ordre à ses affaires, faisant assembler de toutes parts ses
partisans , & commandant à tous les Seigneurs de
son obeyssance de se rendre aupres de luy le mieux
equipés qu'il leur seroit possible , pour aller au deuant des demons de Candahar. Ils vindrent tous à
la premiere semonce, & quitant les lieux de leurs re-
traites, où ils iouyssoient des fruits de ses bienfaits,
accoururent à son secours, disposés à employer pour
luy toute leur force & toute leur industrie ; gens ra-

maſſez de toutes ſortes de pays , les chefs des Gegtéens & des Getes, les Rodomons du pays de Turqueſtan , orgueilleux d'auoir ſi heureuſement fait
leurs affaires par le paſſé, les Caualiers de la Perſe, de
la Gueraque, & de Raſtamdar, les Picoreurs de Cho-
raſane, des Indes, & des Tartares, & tous les autres,
que Tamerlan auoit aſſemblés aupres de luy tous
preſts pour les neceſſités , qui pouuoient ſuruenir
dans ſes affaires. Ils ne le quitoient iamais ny aux
champs ny à la maiſon, eſtant touſiours en faction,
quoy qu'il peuſt arriuer de bien ou de mal , *tous vaillans Caualiers , dit le vers, à qui la mort ne faiſoit point de
peur ; ils l'affrontoient librement dans le plus eſpais de la
meſlée.* Il les fiſt donc ſouuenir de leurs victoires paſ-
ſées, & leur recommanda l'affaire qui luy eſtoit ſur-
uenuë , comme à ſes plus fidelles & plus intimes
amys, les chargeant tout de nouueau de bienfaits,
d'honneurs, & de careſſes au delà de leurs eſperances. Il ſembloit que la terre leur auoit ouuert ſes
threſors, & qu'ils puiſoient à meſme ſes minieres.
Ils marcherent tous, Caualerie & Infanterie, equipés à l'auantage, guays & reſolus, portant ſur le front
l'image de la valeur & le preſage de la victoire, & s'a-
uancerent ſi loing, qu'ils camperent aux enuirons
de Carſi, qui eſt la ville, dont il a deſia eſté parlé ailleurs , & firent là alte le Dimanche premier iour du
mois Ramadan de l'an huict cens huict. Les deux armées paſſerét là la nuict, l'vne d'vn coſté & l'autre de
l'autre, ſe ramaſſant & reüniſſant, & rapellát au gros
ceux qui s'eſtoient auparauant eſcartés. Ils firent le

guet jufques au lendemain matin, *tant que l'aube du jour*, *dit le vers*, *commença à paroiſtre au milieu des tenebres*, *comme l'eau qui brille au defaut de l'ombrage*. Si toſt que la lumiere fut refpanduë parmy l'air, & euſt eſſuyé la noirceur des ombres qui l'offuſquoient, les deux partis s'appreſterét à s'entre-viſiter, & reueillerent leurs courages à la veuë l'vn de l'autre, ſe difpoſát au choc. Chacun rangea ſon armée en bataille, & miſt les vns en l'aile droite, les autres en l'aile gauche, les vns en l'auant-garde, les autres en l'arriere-garde. Apres cela, ils s'approcherent & commencerent à chamailler. Chacun fiſt ſon deuoir de part & d'autre, de ſecourir les ſiens, & de charger les ennemis. Ils combatirent long-temps ſans rien gagner l'vn ſur l'autre, tantoſt pourſuiuans, tantoſt pourſuiuis, tantoſt attaquant, tantoſt ſe defendant, l'infanterie contre l'infanterie, la caualerie contre la caualerie, s'entre-coupant la gorge, s'entre-perçant l'eſtomach, s'entre ruant par terre, le ſang coulant de toutes parts, & la poudre faiſát vne nuë qui couuroit tout le champ, & ne permettoit pas de diſcerner ce qui ſe paſſoit d'vn coſté à l'autre, juſqu'à ce que ſur le midy le deſauantage de ceux de Candahar ſe rendit manifeſte. Ils laſcherent enfin le pied, & furent contrains de ceder à la mauuaiſe fortune qui les accabloit. Chalile Sultan & les ſiens furent victorieux, & demeurerent maiſtres du champ de bataille. Bir Mahomet tourna le dos, voyant ſon armée deconfite, affligé de ſon malheur, & indigné de ſe voir ſi mal reüſſir en vne telle entrepriſe. Les plus vaillans de ſes ſoldats demeurerent fur la place, fa caualerie & fon infanterie furent defaites & tuées en grand nombre, fon baga-ge pris, & toute fa famille faite captiue. Pour luy, il prift la fuite, & fe retira au plus vifte, fçachant que la moitié du butin confifte à fauuer fa perfonne, fui-uant ce que dit le vers; *la moitié du butin, c'eft de te fauuer toy-mefme; le refte acheue le tout.* Chalile Sultan s'en retourna glorieux apres cette victoire; tous les broüillarts de fes inquietudes eftoient diffipez; il voyoit clair tout autour de luy. Le bruit de fon bon fuccez fe refpandit par tout le pays, & la poffeffion de fes Eftats luy demeura fermement eftablie. Il en rendit graces à Dieu, & acheua le jeufne du mois Ramadan, en vn lieu nommé Gecadlique.

I V. Le Lundy premier iour de Sauale, les Chefs des Gueraquois & les plus refolus de leur troupe, fe mirent aux champs fous la conduite d'vn nommé Chagi Bafa, qui eftoit le plus confideré d'entre eux, & qui leur faifoit faire tout ce qu'il vouloit. Ils ne manquoiér ny de forces, ny de courage, & ils auoiér encore auec eux Gelaldule, propre fils du Sultan Achamed de Bagded, lequel eftant tombé entre les mains de Tamerlan, eftoit demeuré captif dans fes prifons, menant vne trifte & miferable vie. Cha-lile Sultan l'auoit deliuré depuis, & luy auoit donné rang & credit chez luy. Comme donc le peuple eftoit occupé aux apprefts de la fefte, cette troupe fe defroba, fuiuant le complot qu'elle en auoit fait auparauant, & fortit à la faueur de la nuict, difant Adieu aux Voilées du pays de d. la la mutere, pour retourner

retournextvoir les Espousées de la Gueraque. Ils se
retirerent au plus viste, parce qu'ils auoient oüy parler que le pays de la Gueraque auoit secoüé le joug,
& que les eaux des riuieres de son Estat estoient re-
tournées en leurs anciens cours. Personne ne s'opposa à leur fuite, ny courut apres eux d'abord ; ils ne
rencontrerent rien qui les empeschast de marcher,
jusques à ce qu'ils eurent passé le Gichone, & qu'ils
se furent rendus en Chorasane. Estant là, tous ceux
qui entendirent parler d'eux commencerent à courir au deuant de toutes parts ; & comme il n'y auoit
pas grande vnion entre eux, ils ne tarderent gueres
à quiter leurs rangs, & à se debander. Ils demeurerent ainsi dispersez de tous costez auant que d'arriuer en leur Gueraque. *Pourquoy passer de Touran en
Iran, & chercher le Tigre au lieu de Gichone ?* Halile
Sultan celebra la feste au lieu cy deuant nommé,
puis en partit pour retourner en la ville de sa demeure.

V. D'autre costé, Pir Mahomer estant arriué à
Candahar, apres auoir vn peu repris ses esprits, &
remis ses affaires en ordre, ses gens s'estant ralliez
aupres de luy, & le debris de ses troupes rassemblé
en lieu d'asseurance, le despit & la douleur s'empara
de plus en plus de son ame ; le soucy & le chagrin le
tourmentoient continuellement il n'auoit en luy-
mesme aucun repos, ne pensant qu'au malheur qui
luy estoit arriué, & aux moyens de s'en releuer. Il en
deuint mesme tout hebeté & hors de son sens. Il enuoya cependant des mandemens par tous les lieux

de son obeïssance, exhortant ses plus fidelles & plus
affectionnez amis de prendre soin de sa vengeance,
& leur ordonnant de s'assembler auec leurs troupes
pour retourner de plus belle contre Chalile Sultan.
Il se consoloit ainsi d'esperance , & appliquoit sur la
playe de son cœur tous les remedes qu'il trouuoit
propres pour en adoucir la douleur. Ils receurent
tous ses semonces auec respect, & executerent ses
ordres soigneusement. On vit incontinent aborder
de toutes parts de la caualerie & de l'infanterie, &
tout le pays se remplir de soldats. Il enuoya cependant encore vne Ambassade à Chalile Sultan, auec
vne Lettre parlant en ces termes. *Ne vous fiez point,*
disoit-il, à l'euenement de nostre premier combat. L'auan-
tage que vous y auez emporté, n'est prouenu que de nostre
negligence. Nous auons tant differé, que nous auons laissé
venir le dernier iour du mois, qui a esté malheureux pour
nous; nous auons laissé croistre vn grand feu d'vne petite
estincelle, faute de l'esteindre de bonne heure. Si j'eusse bien
pris garde à mon affaire, comme ie feray à l'auenir; si ie ne
me fusse point negligé; si ie n'eusse point mesprisé beaucoup de
choses plus importantes que ie ne m'imaginois; la chose ne fust
pas allée ainsi, ie vous eusse defait à plate cousture, & fusse
venu à bout de mes iustes pretentions. Mais il y a eu de ma
faute; ie n'ay pas songé à mes affaires; ie n'y ay trauaillé que
du bout du doigt; ce n'est pas merueille si ie n'y ay pas reüssy, &
si i'ay payé la folle enchere de ma negligence. Outre cela, vos
principales forces consistoient aux troupes Gueraquoises, c'e-
stoit vostre plus ferme appuy, la pointe de vos flesches, le tran-
chant de vostre Cimeterre, le fer de vos Lances, le presage de

voſtre bonne fortune ; ſi vous auez eu du bonheur, ce n'a eſté qu'au moyen de leur aſſiſtance. Maintenant les voila parties à voſtre grand regret, elles ne reuiendront point ; vous voicy abandonné ; le reſte de voſtre armée perd courage. Pour moy, ie m'en vais incontinent vous reuoir auec de nouuelles forces incomparables aux premieres. Apreſtez vous à nous rece-uoir, & vous aſſeurez que vous n'y demeurerez gueres. Les armes, comme vous ſçauez, ſont iournalieres ; ſi vous euſtes hier du bon, nous en aurons aujourdhuy. Enſuite de cecy il ſe miſt tout derechef en campagne auec ſes nou-uelles troupes, & paſſant encore le Gichone, il s'a-uança iuſques en vn lieu nommé Chaſarſadman. Chalile Sultan reuint auſſi de ſon coſté, amenant ſi grande quantité de gens de guerre, tant de Cauallerie que d'Infanterie, auec les ſauterelles & la canail-le, qui a couſtume de ſuiure, qu'ils eſtoient capa-bles de faire couler des fleuues de ſang. Il marcha inceſſamment, traiſnant ces montagnes & ces mers, & de iour, & de nuiét, ſans perdre de temps , tant qu'il ioignit les troupes de Candahar. Les Canda-harois, comme nous auons dit , auoient deſia eſ-prouué les forces & l'adreſſe des ſoldats de Chalile Sultan & en portoient encore les marques ; ils auoient eſté piqués depuis peu ; *le Chameau nou-uellement piqué, dit-on, craint les Bijoux du Che-ueſtre.* Auant donc qu'on criaſt à la charge & qu'on batiſt le tambour, la pluſpart commen-cerent la fuite, s'entre diſant ; *c'eſt le iour eſpou-uantable du iugement , qui approche ; il n'y a que Dieu, qui puiſſe rendre ſa rigueur ſupportable.* Bir Mahomet

P ij

s'enfuit , comme les autres , se voyant abandonné , & s'estant refugié au plus viste dans le Chasteau voisin , qui estoit celuy de Chasarsadman,
ferma les portes sur luy & fist faire garde sur les murailles , s'aprestant à soustenir le siege. Les gens de
Chalile Sultan l'inuestirent en mesme temps de toutes parts, resolus d'emporter la place , & de le serrer
de si pres , qu'il seroit contraint de se rendre. Bir
Mahomet eut loisir de ronger son frein & de se repentir de sa folle entreprise. Il se souuint alors de la
response du Prince des Docteurs Gabdolaual ; mais
il n'estoit plus temps d'y penser Il ne luy resta autre
excuse , que celle de la necessité du destin & des arrests de la prouidence ; mais le destin auoit sa response preste à luy renuoyer , comme vne flesche
acerée , qui luy deuoit percer le cœur. *Car quand
l'imprudent* , dit le vers , *à perdu l'occasion de son bonheur
par sa-faute, il en accuse le destin.* Il voyoit tous les desseins renuersés sans apparence de s'en releuer, ses affaires entierement ruinées , ses biens & son Estat
prests de passer en autre main , les plus genereux de
son party & les plus affectionés à son seruice l'aban-
doner dans sa disgrace, ses plus proches luy tourner
le dos voyant les esperances , qu'ils auoient euës de
luy, euanouyes ; tous ses efforts inutiles & ses entreprises sans succes , si bien qu'il ne luy restoit que la
misericorde de Dieu pour refuge. Ses forces estant
ainsi abatuës, il eut encor recours à la ruse & s'auisa
d'vn stratageme. Il fist venir quantité de peaux apre-
stées & teintes de diuerses couleurs, & en fist tailler

des cuiraſſes pour oppoſer a ſon dernier malheur.
Il fiſt attacher deſſus des lames polies & luiſantes,
comme des miroirs , auec de la dorure alentour, &
des clous, qui les tenoient fermes ; puis ayant fait
venir tout ce qu'il peut ramaſſer de canaille, de valets, de gueux, & d autres gens de neant, il leur diſtri-
bua ces armes & les reueſtit de ces fauſſes cuiraſſes.
Apres cela ces gueux reueſtus, ſi toſt qu'il eſtoit iour,
ſe rangeoient en parade ſur le haut des murs, où faiſoient quelque ſortie. Ceux qui les voyoient de
loing, s'imaginoient voir des ſoldats, & ne ſçauoient
pas que ce n'eſtoient que des maſcarades & de vains
eſpouuantaux ; car ils ſe remuoient & faiſoient voler
la poudre en l'air, comme vne vraye armée , & l'eſ-
clat de leurs peaux luiſantes ſembloit de l'airain ou
de l'acier. Cette fourbe luy aida à paſſer quelque
temps, & recula vn peu la neceſſité, qui le preſſoit à
outrance. Celuy qui l'inuenta & imagina , ne fut
autre que ſon grand Miniſtre, le pilier de ſes Eſtats,
ie veux dire Bir Galitaze. Mais auec tout cela cette
ruſe ne reüſſit pas long temps, toutes ces fineſſes furent inutiles, & ſe renuerſerent bien toſt ſur la teſte
de leurs autheurs La mine fut en peu de temps
deſcouuerte ; le ſecret de cet artifice parut incontinent. Apres cela il ne luy reſta plus rien à eſprouuer, il n'y eut pas moyen de tenir dauantage ; ſon
peu de monde diminuoit touſiours, & le malheur le
ſerroit de plus pres ſans luy donner aucun relaſche.
Il falut donc enfin ſe ſoulmettre & en venir aux ſup-
plications, & auoüer, que ce n'eſt que par ce moyen

qu'on appaiſe la colere de Dieu & qu'on fleſchit ſa
miſericorde. Il enuoya vers Chalile Sultan luy demander pardon & le coniurer par la bonté du Tout-
puiſſant de luy donner quartier, luy remonſtrant ce
que dit le vers ; *Dieu donne à ceux, qui luy demandent
humblement, & ne refuſe point ſa miſericorde au pecheur,
quand il auouë ſa foibleſſe.* Chalile Sultan ne ſe fiſt pas
long temps prier ; il luy accorda incontinent ce
qu'il deſiroit. L'accommodement fut fait entre
eux, à la charge *qu'ils ne pretendroient deſormais rien ſur
les Eſtats l'vn de l'autre, & que ſi Dieu eleuoit en pouuoir
l'vn des deux, il ne s'en ſeruiroit point pour deſtruire ſon compagnon ; qu'ils ſe laiſſeroient iouyr l'vn l'autre paiſiblement
de ce qu'ils auôient en main, & demeureroient à l'auenir bons
& fidelles amis.* Ils firent ſerment ſolennel de part &
d'autre de garder cet accord inuiolablement & de
ne rompre iamais cette alliance ; de s'entre conſiderer touſiours comme proches parens, & de taſcher à
s'entre conſeruer & maintenir fidellement dans les
occaſions, comme eſtant de meſme maiſon & de
meſme ſang, & obligés en outre l'vn à l'autre par ces
promeſſes reſpectiues. Ils prindrent enſuite congé
l'vn de l'autre, & s'en retournerent chacun chez ſoy,
& ce en l'an huict cens neuf.

VI. Apres que Bir Mahomet fut de retour en
ſon Royaume, & ſe fut arreſté parmy les ſiens, ſans
plus entreprendre rien ailleurs ; Bir Galitaze ſe rebella contre luy, & ſe miſt en campagne auec ceux
de ſon party à deſſein de ſe rendre maiſtre de l'Eſtat
& de ſe faire Souuerain. En effect il ſe ſaiſit en peu de

temps de la perſonne de Bir Mahomet, & l'empri-
ſonna ; puis apres s'en eſtre defait, il commença de
ſonder les grands de l'Eſtat, leur parlant ambigue-
ment en ces termes. *Les affaires du monde*, diſoit il,
ſont en grand trouble, les ſignes du dernier iour paroiſſent ma-
nifeſtement. C'eſt icy le temps des Antechriſts, les trompeurs
& fourbeurs ſont en regne. Tamerlan eſt paſſé, qui eſtoit le
trompeur Boiteux ; voicy le temps du trompeur Chauue ; le
trompeur Borgne viendra apres. S'il faut eſtre Chauue pour
regner, ie le ſuis. Perſonne ne luy reſpondit fauorablement à ces paroles, ny diſt rien, qui le reſiouyſt &
luy contentaſt l'eſprit. Car la choſe n'eſtoit pas ſi
abandonnée, que le premier venu la peuſt ſaiſir ; il
n'auoit pas encore fait le coup, qu'il falloit faire pour
gaigner à ce ieu là Souueraineté.   Il ſe miſt neantmoins à appeller à ſon party les Gouuerneurs des
Prouinces, mais timidement & auec des ſupplica-
tions.   Ils luy monſtrerent tous les dens, & luy reſ-
moignerent, qu'ils y pretendoient autant que luy.
Se voyant ſi mal fondé & ſi chetiuement eſtably, il
changea de deſſein, & ſans s'amuſer dauantage à les
flater, il s'en alla trouuer le Sultan d'Arie. Si toſt qu'il
fut arriué chez luy & qu'il ſe fut luy meſme ietté
dans le filet, le Sultan le fiſt prendre & punir, comme
il meritoit, de ſa perfidie, entreprenant enſuite la
conqueſte des reſſorts de Candahar, qui ſe rendirent & ſe ſouſmirent tous à ſon obeyſſance ſans
guerre & ſans bataille.   Chalile Sultan demeura par
meſme moyen paiſible poſſeſſeur de ſes Eſtats.

VII.   Ce fut en cette année meſme, que les Tar-

tares du pays Romain se mirent en campagne & en-
treprindrent de se tirer de captiuité. Ils passerent la
Gichone à pied , estant glacé , & sortirent de Chouuarzam, tirant en leur pays. Mais les peuples s'op-
posant à leur fuite de tous costés & les mal-traitant,
n'estant pas mieux vnis ensemble, qu'auoient esté les
Gueraquois, il leur arriua chose pareille ; car ils demeurerent dispersés par le pays. Chadaïdade & Siche Nouroldin voulurent aussi se seruir de l'occasion pendant l'absence de Chalile Sultan , qui demeura long temps occupé en ce long voyage. Car
estant passez du costé de Samercand en toute asseurance,ils ne toucherent veritablement pas à la ville,
qui leur ferma les portes & se monstra disposée à re-
pousser leur violence ; mais ils pillerent & rauage-
rent les enuirons, & apres auoir fait le degast tout au
tour,s'en retournerent chez eux,comme ils estoient
venus. Chalile Sultan estant ensuite reuenu à Samercand , apres auoir fait reposer ses troupes & rafraif-
chir ses soldats,tourna de ce costé là, & suiuant leur
exemple , resolut luy & les siens d'aller rauager leur
pays. Il partit donc auec ses troupes nombreuses,
ses victorieux Lyons,ses Taureaux courageux & ani-
més de leurs bons succes,& auança si bien,qu'il arriua au bord du Sichone.Si tost qu'il se fut mis en faict
de passer la Riuiere auec cette armée glorieuse &
triomphante, qui ne trouua là que les flots à surmonter,Sarachie & Chagende se rendirent incontinent à luy. Tasocande tenant fort, il tourna de ce
costé là pour l'assieger , & resolut de la demanteler.
Neantmoins

Neantmoins apres auoir tenu le siege deuant pendant quelque temps , & luy auoir fait gouster les
amertumes de l'extreme necessité , si tost qu'elle luy
demanda seureté, se soufmettant à son pouuoir, il
luy accorda sa requeste & la receut en grace. Apres
cela il se mist à poursuiure ses deux ennemys & tas-
cha de les attraper eux mesmes. Chadcidade & Siche Nouroldin tournoyoient, esquiuant les coups &
recherchant l'occasion de luy faire quelque surpri-
se , ne sçachant bonnement à quoy ils se deuoient
resoudre. Il donnoit tousiours apres eux , desirant
les rencontrer; ils fuyoient au contraire deuant luy,
& quand ils sçauoient qu'il venoit en vn lieu , ils
passoient en vn autre, changeant continuellement de
place, & ne s'arrestant en aucun endroit, estant tousiours au guet & aux escoutes. Il les suiuoit par tout
& estoit tousiours à leurs trousses de quelque costé
qu'ils tournassent; car il se fioit a la valeur de ses troupes , & s'asseuroit de l'auenir sur le bonheur qu'il
auoit esprouué par le passé. Vne certaine nuict, cõ-
me il se negligeoit & ne se prenoit point garde, &
qu'eux auoient tousiours des espions dans son armée, qui leur raportoient tout ce qui s'y passoit; arriuant en vn lieu nommé Sarbechane, la temerité &
son trop de confiance le porta a s'auancer seul & à
marcher deuant le bagage; ce qui leur ayant esté
aussi tost rapporté, ils ne manquerent pas de venir
audeuant comme vn torrent, à bride abatuë, pour
tascher de le surprendre à la faueur de la nuict. Mais
par bõheur vne troupe des siés s'escarta & s'auança.

Q

vers eux , ce qui le fauua du malheur preſt à tomber
ſur luy. Il l'eſchapa belle. Depuis cela ils le quite-
rent tout à fait , s'enfuyant & ſe diſperſant de tous
coſtés dans ces vaſtes deſerts, ſi bien qu'il ne ſçauoit
où les prendre. *A quoy bon vn Prince s'amuſer à pour-*
ſuiure çà & là des gens vagabons & deſunis ? Il miſt donc
fin à cette chaſſe, & tournant bride, s'en reuint heureuſement chez luy.

VIII. Cependant comme l'amitié de Chadaïdade & de Siche Nouroldin n'eſtoit pas fort ſolide , les
fondemens de leur vnion eſtant comme ceux d'vn
edifice baſti ſur le bord d'vn torrent, touſiours preſts
à crouler , ils entrerent bien toſt en diſſenſion & ne
demeurerent pas long temps d'accord. Chacun ti-
roit toute l'authorité de ſon coſté , ſans vouloir en
faire part à ſon compagnon ; ils ne pouuoient ny
l'vn ny l'autre deferer à la volonté d'autruy ; ils vouloient tous deux eſtre abſolus. Siche Nouroldin dans
cette diſcorde ſe retira à Segnac & ſe rendit maiſtre
de ces quartiers là. Quelque temps apres il enuoya,
vers Chalile Sultan luy faire excuſe, de ce qu'il auoit
quité ſon party, & le prier de luy pardonner ſa faute &
de le receuoir en ſes bonnes graces, comme il y auoit
eſté auparauant. Chalile Sultan luy accorda ſa demande, oublia tout le mal, qu'il luy auoit fait, & pour
aſſeurance de ſa bienueillance luy enuoya Toumane l'vne des femmes de ſon Grand pere Ils demeurerent touſiours depuis bons amys & bien d'accord
enſemble ſans aucune diſſenſion ou deſvnion , iuſques à ce que Chalile Sultan tomba en captiuité, Sa-

mercand estant entierement reduite en l'obeyssance de Sarachi. Sa Malque l'alla trouuer apres ce changement soubs apparence de paix & d'amitié, couuant en son cœur le dessein de le perdre, & l'obligea traistreusement de descendre du Chasteau de Segnac apres les accords faits & l'alliance & leur eté iurée solennellement de part & d'autre, afin, disoit il, de s'entre voir tout d'acheual, de s'entretenir l'vn l'autre bouche à bouche de ce qu'ils desiroient, & de confirmer leur amitié & leur nouuelle paix, en s'entre-embrassant. Il y auoit dans la troupe de Sa Malque, auec laquelle il s'auança à ce dessein, vn nommé Argudac. Siche Nouroldin sortit de son Chasteau, & Sa Malque marcha vers luy, seul & sans gardes. Ils s'entre embrasserent ce pauure abusé & luy, & s'entretindrent de ce qui leur estoit arriué de bien & de mal pendant leurs absences ; puis ayant renouuellé & confirmé les asseurances de la paix, apres s'estre entre recommandés ce qu'ils desiroient l'vn de l'autre, Sa Malque prist congé de luy & se retira vers sa troupe, où il s'arresta, pendant que tous ses gens alloient l'vn apres l'autre toucher & baiser la main de Siche Nouroldin, iusques au traistre Argudac. Celuy cy s'estant auancé à son tour auec la cruelle perfidie, qu'il cachoit en son ame, resolu comme vn Lyon, grand & robuste, comme vn Elephant, s'aproche de luy, luy baise les mains, puis en mesme temps le saisissant au col & l'embrassant estroitement, l'arrache de dessus son cheual, & apres l'auoir ietté à bas, luy tranche la teste, à la veuë des

Q ij

fiens, qui penferent en mourir de defpit. Sarachi
ayant apris cette nouuelle, fe prift à gemir & à crier,
maudiffant Sa Malque, qu'il querella encore depuis
aigrement. Pour Argudac, il le fift batre publiquement & exemplairement; mais il n'y auoit pas moyen
de raffembler ce qu'il auoit feparé, ny de replanter ce
qu'il auoit arraché *Il n'eft point de remede pour la mort,*
dit le prouerbe. Il fut long temps depuis, fans vouloir voir ny l'vn ny l'autre ; mais il s'appaifa à la fin.
Chadaïdade demeura toufiours obftiné en fa rebellion, continuant dans fa fierté & felonie, fans iamais
vouloir entendre à la paix, iufques au iour de fa perte
& de fon dernier malheur. Mais nous rapporterons
cy apres ce qui luy arriua & comme il finit fa vie.

IX.   Au mois Saphar de l'an huict cens dix, Chalile Sultan enuoya vne troupe de foldats conduicts
par Alladade & par quelques autres Capitaines,
comme Aliafe Chenage , le fils de Camari Manfor,
Tucal Carcaras, & Dulatotimur, qui auoient ordre
d'obeyr à Alladade eux & les leurs, & d'autre monde
auffi, à Termad, pour le rebaftir. Ils partirent donc
& fe rendirent là en diligence, & amafferent auffi-
toft ce qui eftoit neceffaire pour leur deffein, de la
pierre, du bois, de la tuile. Apres cela, tous ces chefs
partagerent entre eux la befogne, & s'employerent à
baftir chacun fa portion des murailles , l'eleuant au
deffus de l'efcalade, puis des maifons & d'autres edi-
fices, trauaillant inceffamment, & negligeant pour
cela leur repas de iour, & leur repos de nuict, auec
telle diligence, qu'ils acheuerent l'ouurage dans en-

uiron quinze iours. A pres auoir enfuite diuifé la
ville par quartiers , rendu les paffages libres & les
ruës nettes , defigné & marqué de leur marques les
principaux lieux , eftably les places des marchés &
des affemblées publiques , ils ordonnerent au refte
des defcendans des anciens habitans , qui l'auoient
quitée, & à tous ceux, qui auoient abandonné fes ruines pour eftablir leurs demeures dans la plaine voi-
fine, de retourner & d'y adjoufter ce qui luy man-
quoit feul pour fon accompliffement, c'eft adire des
Bourgeois Ces pauures gens icy depuis qu'ils l'a-
uoient quitée, s'eftoient habitués dans les iardina-
ges,où ils auo ent fait des ruës & des maifons , & s'e-
ftoient accommodés de toutes les chofes neceffai-
res à la vie. Cela auoit duré depuis le temps de Gencize Chan iufques à celuy de Tamerlan Couracan.
Ils eftoient a ors en repos dans leurs demeures ordinaires fans rien craindre & fans s'imaginer deuoir
iamais partir de là pour faire d'autre habitude. Mais
apres la mort de Tamerlan , Chalile Sultan voyant
les malheurs & les troubles , qui eftoient arriués,
voulut les mettre en lieu d'affeurance & enuoya releuer leurs fortifications. La nouuelle ville eftoit fi-
tuée à enuiron vne Parafange de la vieille , qui deuint par cette diligence b en plus forte & plus affeurée,qu'elle, veu particulierement qu'elle eftoit ba-
ftie fur vne eminence, qui commandoit aux enuirons, la Riuiere du Gichone enfermant le pied du
roc, qui fouftenoit fes murailles , tout au contraire
de la nouuelle, dont les baftimens eftoient à plate

terre,eloignez de la Riuiere. Cependant quand on
vint à declarer aux Bourgeois, qu'ils euſſent à ren-
trer en lieu de ſeureté,vous euſſiez dit,qu'on leur faiſoit commandement de ſe tuër eux meſmes ou de
vuider le pays. Alladade ne les importuna pas beaucoup là deſſus & ne s'obſtina point à leur faire deſplaiſir, mais ſans ſe ſoucier d'eux autrement ny les
prier dauantage,il s'auiſa d'autre choſe, faiſant publier par le pays,que ceux,qui voudroient venir s'ha-
bituer en la ville nouuellement rebaſtie, y vinſſent
hardiment, & que les places & les maiſons demeureroient en proprieté à ceux, qui les occuperoient
les premiers,ſans que perſonne les en peuſt chaſſer
ny depoſſeder,ny leur en diſputer la iouyſſance.Ou-
tre cela il obligea les Boulangers , les Bouchers, les
Cuiſiniers, les Beuriers, de s'y tranſporter, & leur di-
ſtribua à chacun leurs demeures & leurs commodités , ſans rien dire dauantage aux autres. Ceux cy
commencerent à exercer là leur trafic & à gaigner
fort bien leur vie auec les ſoldats, leur vendant &
acheptant d'eux. Par ce moyen les autres ſe trouuerent en grand deſordre,car les hommes ont naturellement beſoin de l'aſſiſtance l'vn de l'autre ; ſi bien
que la neceſſité les contraignit de les ſuiure de bon
gré, ny les grands,ny les petits ne pouuant ſe paſſer
de leurs miniſteres. Par ce moyen les affaires ſe trouuerent eſtablies ſelon le deſir & les ordres d'Alladade,lequel ramaſſant enſuite ſes troupes , s'en retourna à Samercand.

D'autre coſté Sarachi ayant ouy parler de ce qu'a

uoit fait Chalile Sultan, enuoya vne troupe des armées de Chorafane, luy donnant pour chef & pour conducteur vn Commandeur nommé Marzab, frere de Gehanofas, auquel Tamerlan auoit autrefois donné la furintendance du Siege du Chafteau de Damas, auec ordre aux chefs & à leur monde de rebaftir pareillement vn Chafteau nommé le Fort des Indiens fitué à l'extremité du pays de Chorafane, la Riuiere du Gichone le feparant de Termad. Les troupes Chorafanoifes s'acquiterent de ce baftiment, comme auoient fait de l'autre les gens de Chalile Sultan. Apres qu'il fut acheué, Alladade & Marzab s'entre enuoyerent de leurs nouuelles & firent amitié enfemble de bonne foy, viuant paifiblement, auec honneur & refpect de part & d'autre.

X. Enfuite de tout cecy le Sultan Achamed & Crajofeph reuindrent en Gueraque, eftant enfemble bien d'accord pour les affaires de leurs Eftats. Le Sultan Achamed s'arrefta & fe reftablit à Bagded; Crajofeph alla attaquer les Gegreens auec les armées Muffulmanes, en intention de reconquerir les pays, dont ils s'eftoient emparés. Dieu fauorifa fes armes & luy donna victoire fur fes ennemys. Il reconquift les Prouinces d'Adrabigene, apres auoir defait leurs armées, & tué Amiranfa. Si nous voulions raconter au long, comment toutes ces chofes arriuerent, nous pafferions de trop loing les bornes, que nous nous fommes prefcrites. Apres cela la difcorde fe mift entre eux deux, ce qui ietta l'Adrabigene & la Gueraque en de grands troubles. Crajofeph tua enfin

le Sultan Achamed, comme nous auons defia remar-
qué cy-deuant, & ce en l'an huict cens treize de la
retraite du Prophete, à qui Dieu face paix & mifericorde.

Pour la Gueraque Gageme, c'eftoit vn des plus
feurs afyles, Bir Omar, qui en eftoit auparauant Gouuerneur, s'en eftant fait Souuerain ; mais vn de fes
proches parens, nommé Alexandre, fe rebella contre luy, le combatit, le defift, le prift, & emprifonna,
& s'empara de fa place. Sarachi Seigneur d'Arie marcha enfuite contre Alexandre, fe faifit de fa perfonne & s'en defift, affligeant fa famille & fes enfans, &
fe rendant entierement maiftre de fes Eftats. Toutes
les Prouinces de la Gageme fe trouuerent ainfi re-
duites en fon obeyffance & toutes leurs finances enfermées dans les magazins, fans qu'il rencontraft
pour cela autre ennemy à combatre, ny aucune difficulté à furmonter. Quoy que fon eftat fuft fitué
au milieu de tous les autres, pas vn ne l'entreprift ny
attaqua. Il eft vray qu'il eftoit bon voifin, homme
de peu de bruit ; & puis fon pere, en oftant hors du
monde les Princes de la Gageme, luy auoit coupé la
racine de tout trouble & mal-encontre. Il demeura ferme en fa place au milieu des Lyons orgueilleux, s'accroiffant, & terraffant fes ennemys par le
moyen de fes amys. Les terres de fon obeyffance
n'efprouuerent aucuns mouuemens, qui ne feruif-
fent à les mieux affermir & à les releuer. La bonne
fortune auoit l'œil fur luy, & les efpoufees de la Seigneurie luy parloient & l'abordoient en ces termes.

Ton cœur s'est eloigné de nos laides & de nos loüues; noſtre porte eſt ouuerte à ceux, qui ont la pureté en recommandation. La nuë blanche eſt l'horoſcope du Threſor de noſtre amitié; qui cherche le Threſor auec ſon horoſcope, ne manque point de le trouuer.

Enſuite de ces auantures le monde commença à abandonner Samercand, tirant chacun de ſon coſté. Il priſt enuie à tous les eſtrangers de reuoir leur pays, chacun taſcha de retourner prendre repos en ſes anciennes demeures, les vns auec congé & paſſe port, les autres en cachete & par maniere de fuite. Le premier des habitans de Syrie, qui obtint congé & qui ſe miſt en chemin, fut Schaboldin Achamed fils du Sahide, le Vizir. Apres cela le monde ſe diſperſa à troupes dans la Gageme & dans l'Arabie, & ſe reſpandit de tous coſtés en Orient & en Occident. Car la diſette & cherté de viures incommodoit pour lors Samercand; il n'y auoit rien à bon marché que l'argent. L'abondance reuint enſuite; il fiſt bon viure, le peuple fut à ſon aile, & nagea dans toutes ſortes de contentemens, l'eſtat eſtant calme, & le temps paiſible & agreable. Mais c'eſt dans les plus beaux iours, que ſuruienent tout d'vn coup les plus cruels orages.

XI. Chalile Sultan auoit pris en mariage Sadomalque vefue du Commandeur Sipholdin, eſtant paſſionné de ſon amour à tel point, qu'il ne la voyoit pas à demy. Il eſtoit comme vn captif dans ſes liens, ſa volonté dependoit entierement de la ſienne, tous ſes ſoins ne tendoient qu'à l'obliger & à luy com-

plaire. L'affection qu'il auoit pour elle, deuint si extraordinaire, qu'elle fist oublier les Prouerbes de
Valili, de Sirin, & de Pherhade. Il arriua ce que difent les vers. *Quand ie l'ay embraßée, mon ame s'enuo-
loit vers elle ; depuis cela, elle y demeure attachée. I'ay
baisé sa bouche pour moderer l'ardeur de mon amour; elle
s'en est d'autant plus enflammée.* Comme si mon cœur
mesprisoit de viure, si nos deux ames ne s'assemblent en vne.
Il se laissa si absolument posseder à cette passion,
qu'il n'estoit plus à luy mesme, & n'en disposoit plus;
il auoit les mains liées, & n'estoit capable d'aucune
resistance. C'estoient deux personnes sous vne seule
volonté. Il ne parloit que par sa bouche, ny elle que
par la sienne. Ils pouuoient bien auec verité dire ce
que dit le vers; *J'ayme & ie suis aymé ; nous sommes
deux esprits dans vn seul corps;* ou plustost comme dit
cet autre, tout au contraire, *ils n'auoient qu'vn esprit
qui gouuernoit deux corps.* Il ne faisoit quoy que ce fust
que de son auis, & ne gouuernoit son Estat que par
ses conseils; il se laissoit mener par elle sans la contredire en rien, & suiuoit sa volonté sans s'en escarter
aucunement, tant il estoit possedé & affolé de son
amour. Mais *quel moyen de voir prosperer les affaires
d'vn homme, qui se laisse gouuerner par sa femme ?* elle
auoit vn ancien seruiteur, qui n'estoit ny de condition libre, ny d'vn naturel liberal ; au contraire, il
estoit des derniers des hommes, faisant trafic de
crespes & de toile de coton ; nommé Babatermes.
Auec cela il auoit les yeux chassieux, le visage plein
de taches rousses, laid & difforme, inciuil & mal nou-

ry. Il luy rendoit les seruices les plus vils & plus ab-
jets, estant a elle des auparauant qu'elle fust à Chalile Sultan. Apres donc qu'elle fut paruenuë à cette
haute digni é, & eleuée en vn r ng, qu'elle auoit veu
tenir à d'autres au dessus d'elle ; ses seruiteurs ne
manquerent pas de participer à la bonne fortune de
leur maistresse , & de deuenir plus considerables,
qu'auparauant, à cause de l'honneur, qu'elle posse-
doit. Babatermes particulierement deuint grand
personnage, parce qu'il luy appartenoit. *Les serui-*
teurs sont considerez , dit on , selon la condition des mai-
stres, qu'ils seruent Il estoit le chef de sa bande, c'e-
stoit luy qui gouuernoit les autres, & qui tenoit le
haut bout dans leurs assemblées, qui estoient telles
alors, qu'il n'estoit pas malheureux qui en estoit. Il
s'auança ensuite si haut aupres d'elle, qu'il faisoit generalement toutes ses affaires. Delà il passa iusques
à discourir des affaires d'Estat, comme des autres,
puis à se mesler de la direction des finances & à ordonner de ce qui estoit le plus important. Apres
cela il commença à donner & à oster selon son gré
les Gouuernemens de Prouince sans qu'on le contredist en rien , si bien qu'a la fin il deuint le piuot
de l'Estat, disposant de toutes choses sans que personne peust refuser d'obeyr à ses ordres, tant son
pouuoir estoit absolu par le moyen de celuy de sa
maistresse. Tout ce qu'il luy plaisoit de faire ou de
dire estoit trouué bien, on executoit tous ses commandemens ; les moindres signes de sa volonté passoient pour des loix. Il entreprist mesme sur l'au-

thorité d'Alladade & d'Argonſa, caſſant leurs or-
dónances & defaiſant ce qu'ils auoient fait, & en vint
iuſques à tel point de ſottiſe & d'inciuilité, que de
prendre le pas deuant eux, quand il ſe trouuoit en
leur compagnie, ſans reſpecter leur condition ny le
merite de leurs perſonnes. Il oſa enſuite faire defen-
ſe de reſoudre d'aucune affaire ſans ſon aduis, ordonnant que s'il eſtoit abſent, on euſt a attendre ſon retour, ou à l'aller trouuer où il ſeroit. Il y auoit alors
enuiron trois ans, qu'il auoit commencé de s'eleuer
au rang, où il eſtoit. La canaille des Gegtéens, & les
enuieux & malitieux le ſouffroient facilement ; mais
Alladade & Argonſa ſe trouuerent extremement
offenſés de ce procedé, & en conceurent vn tres ſenſible deſplaiſir ; car c'eſtoit leur faire vn tort inſup-
portable. Leur maladie fut grande ; il ne ſe rencontroit point de remede pour les en ſoulager. Ils ai-
moient cependant mieux mourir de bonne heure,
que de demeurer plus long temps au monde en cet
eſtat.

XII. Alladade reduit à cette extremité s'auiſa
donc de iouër d'vn tour à ſon maiſtre ; mais il n'y
reüſſit qu'à ſa confuſion. Il remplit le pot d'ordure,
& s'en couurit la teſte ; il s'enuelopa luy meſme, comme le Ver à ſoye, dans le filet où il deuoit mourir.
Quand le malheur, dit le vers, *commence à en vouloir à*
vn homme d'eſprit, il approuue les deſſeins, qu'il deuroit le
plus loing reietter ; il ſe met en peine des choſes, où il ne de-
uroit pas penſer, & ne tient compte de celles, qui luy ſont im-
portantes. Ils ne trouuerent tous deux autre expe-

dient pour tirer raison du tort, qu'on leur faisoit, que
d'enuoyer vn depute à Chadaïdade , par lequel ils
luy firent sçauoir l'estat des choses & luy declarerent
tout de point en point, luy donnant aduis de venir en
asseurance & de faire marcher ses armées du costé
de Samercand sans rien craindre. Il se mist là dessus
incontinent en campagne auec ses troupes, s'auançant doucement au petit pas, tant qu'il arriua en vn
lieu nommé Ouratabe. Chalile Sultan ayant eu ces
nouuelles, fist assembler ses soldats & gens de guerre, admirant son audace & s'estonnant de son effronterie, & enuoya Alladade & Argonsa au deuant de
luy auec vne armée nombreuse. Ils y allerent bien,
mais ils ne voulurent pas combatre ; au lieu de cela
ils renuoyerent vers Chalile Sultan luy demander
du renfort, disant par leurs raisons, *que cet homme estoit
venu à tel point d'effronterie & d'obstination , qu'il ne tenoit compte d'eux ; qu'il ne s'estoit pas bougé de sa place , &
n'auoit pas tesmoigné la moindre apprehension à leur arriuée.*
Il leur enuoya donc le reste de l'armée, & au surplus
attendit de leurs nouuelles. Ils luy renuoyerent tout
derechef dire, *que Chadaïdade rauageoit & faisoit le degast de plus en plus ; & qu'il exerçoit toutes les hostilités de
Themod & de Gad. Venez, adjoustoient-ils , en personne,
& ioignez vostre prudence & vos bons aduis aux nostres.
Car on vous redoute plus que nous , & vostre presence peut
beaucoup. Il n'a point eu cette audace, ny fait cette entreprise
extraordinaire , sans vne tres pernicieuse resolution & vne
malice tres obstinée. Approchez vous donc auec le reste de la
milice ; car c'est icy le coup, qui doibt vuider tous vos differens.*

R iij

Chalile Sultan se mist là dessus **en cam**pagne sans se
douter de rien, ny auoir aucun soupçon des malheurs, qu'on luy tramoit, & qui estoient prests de
luy arriuer. Au contraire il marchoit guay & ioyeux
& remply de bonnes esperances, en la fleur de son
aage, qui ne luy permettoit pas d'auoir que de bónes
opinions de sa suffisance, ny de se defier de la trahi-
son des siens. Il se quarroit au milieu de ses courti-
sans, & cheminoit à l'aise parmy les ieunes gens de
son aage, accompagné de peu de monde, mais tous
gens disposts & prests à bien faire. Le plus esloigné
de sa pensée, c'estoit le soucy & le chagrin ; la tristes-
se & la melancholie estoient bannies entierement
de son esprit. En effect ses affaires estoient apparem-
ment en trop bon estat pour rien apprehender, &
sembloient plustost luy crier de tous costés ce que
dit le vers ; *allons, braue Capitaine, rejouyssez vous & ne*
vous mettez pas en peine ; le bonheur nous enuironne de tou-
tes parts. Il s'auança donc auec ce train Royal, tant
qu'il arriua pres d'vne petite ville nommée Sultanie.
Alladade auoit cependant enuoyé aduertir Chadaïdade, que la compagnie du Sultan estoit partie de
Samercand vn tel iour, & deuoit en tel temps arriuer
pres de Sultanie. Chadaïdade ne manqua pas de
iouër son stratageme. Il laissa son bagage vis à vis de
l'armée auec le gros des siens, & sans deliberer, porté d'vn courage determiné à l'execution de son entreprise, il partit incontinent auec vne troupe de ses
plus genereux combatans & des plus hardis & plus
resolus de ses soldats, gens sans peur, *pesans au choc, dit*

le vers, *legers à la marche, de beaucoup d'effect & de peu de bruit.* Ils monterent à cheual & se mirent en chemin à la faueur de la nuict, suiuans des destours escartés, dans l'obscurité des tenebres, qu'ils vouloient bien auoir pour guides, selon ce que dit le vers; *ne marche que de nuict apres celuy que tu veux attraper; le Soleil est vn porte-nouuelle, la nuict est vn si telle guide.* Il fist donc si bien, qu'il arriua de son costé à Sultanie; c'est vne petite ville bastie par Tamerlan; sans que personne s'aperceust de sa venuë, & que Chalile Sultan fust aucunement aduerti de son malheur, iusques à ce qu'il se vit enuelopé de tous costés. Ses gens ne laisserent pas de se mettre en defense, de resister & de combatre vaillamment; mais ils n'estoient pas en estat de se pouuoir demesler de ce filet; toutes leurs peines furent inutiles, & ne seruirent, qu'à en faire perir sur le champ vne grande partie des plus considerables aussi bien que des moindres. Ils furent incontinent forcés & accablés, & contraints de ceder, Chalile Sultan tombant malgré leurs efforts entre les mains de son ennemy, qui s'en retourna aussi tost en son camp auec sa proye, bien satisfait de son voyage. Il se mist ensuite à luy protester auec les sermens les plus saints & les plus solennels, *qu'il n'auoit aucun dessein de luy nuire, ny mal faire, ny de troubler le repos de sa vie & de son bon-heur, fust de fait, fust de parole; que son intention n'estoit point de l'affliger ny de l'incommoder, ny de le tromper & seduire; qu'il se donnast seulement patience, & qu'il verroit les effets de ses sermens, qu'il vouloit de son costé oublier tout le passé, & qu'il le prioit d'en faire de mesme.* Apres cela il le pria d'enuoyer vers Alladade & vers les gens de guerre, qu'il conduisoit, & de leur ordonner de se rendre sans faire plus de resistance. Il enuoya aussi de sa part leur faire entendre, *qu'il estoit saisy de la personne de leur Prince, & que s'ils se rangeoient soubs son obeyssance, il luy rendroit l'honneur & le reste qui luy estoit deu; sinon, qu'il le maltraiteroit.* Quand Chalile Sultan tomba dans le piege, il s'imagina que c'estoit vn coup de hazard; mais il sceut depuis, le tour, qu'on luy auoit ioüé, & apprist, que Chadaïdade y estoit venu bien seurement. On luy descouurit de quel costé venoit le mal, & comme il auoit esté pris par où il ne se donnoit pas de garde. Il vit, que c'estoit pour luy que parloient les vers, qui disent; *Dieu nous a rendus obligés à celuy, auec lequel nous n'auions aucune amitié ny cognoissance; nous n'auons esté affligés & maltraités, que par celuy, qui estoit en apparence nostre plus intime & plus familier amy.* Il manda donc à tous les autres Commandeurs & Chefs des armées, & aux Vizirs, qu'ils se missent entre les mains de Chadaïdade sans resister dauantage à ses volontés, ny refuser d'obeyr à ses commandemens. Ils se rendirent tous incontinent & se remirent à sa discretion. Chadaïdade se trouua par ce moyen maistre de toutes ces belles troupes, & fortifié de l'obeyssance de ces braues guerriers contre toutes les ruses & tous les stratagemes de ses ennemys. Il enuoya deuant, les soldats de Gende & de Chagende, les barbares de Turquestan, & la canaille d'Auzagende, faisant suiure les autres, & prist sa marche vers

Samercand,

Samercand, fans tenir compte d'Alladade & de ceux
de fa faction. Alladade vit bien deflors, qu'il eſtoit
trompé en fes eſperances, qu'il eſtoit entierement
perdu & ruiné, que la fortune le defpouilloit tout
d'vn coup de toute la gloire, dont elle l'auoit iufques
alors reueſtu, & luy oſtoit en mefme temps l'honneur & les biens. Cette reuolution arriua en l'an
huiƈt cens douze. Chadaïdade eſtant enfuite arriué à Samercand, & entré dans la ville, changea l'ordre de toutes les affaires, & renuerfa tout ce qui y
eſtoit eſtably, de telle façon, qu'il fembloit qu'elle
euſt changé de Religion & de Loix. Il auoit vn fils,
nommé Alladade, auquel il fiſt prendre la qualité
de Sultan deuant teſmoins. Il fe miſt enfuite à re-
uifiter tous les magazins, à fureter toutes les cachetes, & à defcouurir ce qu'il y auoit de refferré
dans les lieux les plus efcartés, mettant tout fans deffus deffous. Il ne demeura rien en fa fituation ac-
couſtumée, tout changea de face, les plus petites
pieces furent brifées tout de nouueau. Il arriua ce
que dit le vers; *ils ont rednict tout à leur mode, & effacé
toutes les traces de ce qui paroiſſoit auparauant.* Ils chan-
gerent fi fort les accidens, qu'on ne recognoiſſoit
plus les fubſtances ; il fembloit, qu'on fuſt en vne
autre terre & foubs vn autre Ciel. *Ces antres me fem-
blent changés,dit le vers, & ne paroiſſent plus les mefmes;
ce tertre n'eſt pas en fon lieu.*

XIII. Sarachi ayant apris ces nouuelles en fut
fort touché & en conceut vn tres fenfible defplaifir. L'efmotion de fon ame parut dans fes yeux, il fe

refroigna le front, & changea de couleur & de visage. Il gemit, il fremit, il grinça les dens ; tout son
corps fut esmeu, & son esprit tout alteré de douleur,
de cholere, & d'indignation. Il ne pouuoit demeurer en place, tant il estoit inquiet & impatient de
vanger l'affront, qu'on auoit fait à la Maison de son
pere. *La voila*, disoit il suiuant le vers, *si descharnée,
que les os luy percent la peau ; les plus miserables luy vont faire insult & se moquer d'elle.* Il enuoya ensuite ses mandemens par tous les lieux de son obeyssance, pour
faire promptement assembler des troupes, & sans
tarder dauantage fist deslors partir Sa Malque, luy
ordonnant de s'auancer au plus viste & de marcher
incessamment, afin d'arrester le cours de ces malheurs & de mettre ordre aux affaires, de chasser cette
canaille barbare du cœur de l'estat, & de ne pas per-
mettre qu'elle y prist pied plus fermement, de la re-
pousser & reietter arriere, serrant la bride aux plus
hastés & aux plus fougueux de sa bande. Sa Malque
partit aussi tost auec les armées, qui se trouuerent
prestes, grosses comme les montagnes, & nombreuses, comme les sables. Sarachi le suiuit bien tost
apres auec le reste des chefs & des troupes. Il s'auança cependant sans regarder derriere luy ny attendre
personne, & sans enuoyer deuant ny coureurs ny
espions. Estant arriuez au Gichone, il falut le passer.
La surface de ses abysmes se trouua cachée soubs cette nombreuse troupe, ce torrent se respandit au large
sur ses eaux, ce nuage mist cette mer à l'ombre. Pendant que ces montaignes rouloient ainsi sur l'eau, la

nouuelle ne manqua pas d'en venir à Chadaïdade,
qui tenant pour asseuré, que ses Hyenes & ses Singes
n'estoient point capables de soustenir l'effort des
Loups & des Lyons de Sarachi, que la pluspart de ses
troupes l'abandonneroient mesme pour prendre
l'autre party, ou se saisiroient de sa personne & le li-
ureroient entre les mains de ses ennemys ; ne fist
point plus long temps l'obstiné, mais pliant bagage
au plustost, se saisit de ce qu'il auoit peu attraper
d'argent & de meilleur equipage autant qu'il en
peut emporter, & trainant auec luy Chalile Sultan,
se mist en chemin, tirant vers Andecan, & laissa Alladade, Argonsa, & Babatermes enfermés dans la ci-
tadelle, sans se vouloir embarasser de la compagnie
d'aucun d'eux.   Il laissa aussi Sadomalque dans la
ville, esloignée de son bien aimé & comme en osta-
ge, l'ayant fait trebucher du haut rang, qu'elle tenoit auparauant, & tomber dans le mespris & dans
la misere.   Apres le depart de Chadaïdade, personne
n'estant encore arriué à Samercand de la part de Sarachi, le peuple demeura sans Chef & sans conduite.
Alladade & Argonsa eussent bien voulu sortir pour
aller audeuant de luy, mais le sieur Gabdolaual accompagné des plus mauuais garçons de la ville s'opposa à leurs desseins & ne voulut iamais le leur per-
mettre. Alladade l'auoit auparauant choqué en
quelques occasions & luy auoit donné subiet de le
hair. *Qui plante des espines*, dit le prouerbe, *ne peut re-
cueillir des raisins.* Chacun croyoit les aduis de Gabdolaual, pas vn ne contreuenoit à ses ordres ; ses con-

feils paſſoient pour des loix, & ſes paroles pour des
oracles. Il diſpoſa de toutes choſes, comme il voulut, pendant ce petit interregne. *La ſcience*, dit l'he-
miſtiche, *eleue les plus foibles & les plus mal appuyés.* Il
ne ceſſa de gouuerner le peuple ſelon ſon gré, l'irri-
tant perpetuellement contre Alladade & ſes compagnons, & contre ceux de leur party, & leur ſerrant
touſiours le bouton de plus pres, tant que les fourriers de Sa Malque parurent, & furent incontinent
apres ſuiuis des armées de Sarachi. Les bourgeois
ſortirent audeuant de luy, & luy teſmoignerent la
ioye, qu'ils auoient de l'eſtabliſſement de ſa puiſſance dans ces pays. Il remiſt chacun en ſon rang & en
ſon ordre. Pour Alladade & ſes compagnons, il ſe
ſaiſit d'eux, & apres les auoir mis à la queſtion pour
auoir cognoiſſance de ce qu'ils auoient peu cacher
de leurs biens, & leur auoir fait endurer toutes ſortes de tourmens & de cruautés, il les fiſt mourir
de ſang froid, & les enuoya tous en l'autre monde,
excepté Babatermes. Car pour celuy cy, apres qu'il
l'eurent tourmenté de toutes façons & accablé de
toutes ſortes de ſupplices, vn iour, comme ils luy
donnoiét quelque relaſche dans ſes douleurs, il priſt
ceux qui auoient charge de le tourmenter, comme
pour les mener à la deſcouuerte de quelque threſor
& leur enſeigner quelque cachete. Il falloit paſſer
ſur le bord d'vn grand & profond eſtang, & ils le
conduiſoient par là, lié & garroté eſtroitement. Cependant comme ils paſſoient, il ſe ſecoüa tout d'vn
coup ſi à propos, qu'il ſe tira d'entre leurs mains,

comme vne efpée de dedans vn fourreau , & fe ietta
luy mefme dans l'eau , où il fut noyé. Sarachi alla
vifiter le tombeau de fon pere, où il fift faire tout derechef les ceremonies funebres, comme eftant fon
fils, renouuellant l'ordre des lectures & des ftations,
& recommençant les folennités des vnes & des autres auec le refte du feruice. Il fift enfuite porter
dans fes magazins la plufpart de fes meubles pretieux, les armes , & les pieces de valeur, qui eftoient
fur fon fepulchre, pillant les threfors & foüillant iufques au fond des cachetes. Il fe mift apres cela à
donner ordre aux affaires , remettant chaque chofe
en fon rang pres & loing. Ils prindrent auffi Sadomalque & la maltraiterent eftrangement, luy faifant
fouffrir mille indignités en luy fauuant la vie. Ils la
tourmenterent mefme pour tirer d'elle, ce qu'elle
poffedoit de biens. Apres luy auoir raui tout ce
qu'elle auoit, & l'auoir affligée en particulier de toutes fortes de mefpris & de defplaifirs , ils la lierent &
enchaifnerent, & la menerent en cet equipage publiquement par les ruës, criant apres elle , comme
apres vne infame. Sarachi demeura ainfi en poffeffion de ce pays & difpofa de toutes chofes à fon gré.
C'eft ainfi que les vns vont & les autres viennent, les
vns s'eleuent & les autres s'abaiffent. *Loüé foit celuy
qui demeure inesbranflablement eftably dans la fplendeur de
fa gloire , dont le throne eft eleué au deffus de tous les change-
mens , qui remuë tout & n'eft fubiet à aucune fecouffe.*

XIV. Chadaïdade eftant arriué en fon pays , &
fe trouuant feul dans Andecan auec fon Chalile Sul-

tan, renouuella auec luy ſes accords & ſes alliances,
& luy promiſt de ne luy faire iamais aucun mal ny
aucun torr, luy faiſant entendre derechef que cette
diſgrace ne luy eſtoit arriuée , que par la perfidie
d'Argonſa & d'Alladade, apres toutes les obligations, qu'ils luy auoient, & tous les bienfaits, dont il
les auoit ſi liberalement comblés ; qu'ils l'auoient
recompenſé en Crocodiles, & luy auoient rendu le
mal pour le bien. *Reſſouuenez vous*, adiouſtoit-il enſuite, *du traitement, que vous m'auez fait le premier & à
la veuë de tout le monde, & voyez comme i'agiray auec
vous apres cela en particulier. Je feray en ſorte, que la ſincerité de mon affection & la pureté de mes intentions enuers
vous paroiſtra manifeſtement, que vous verrez vous meſme
ma candeur à deſcouuert ſans aucun nuage de defiance, &
que vous vous tiendrez aſſeuré de ma fidelité ſans apprehender de moy aucune perfidie. Nous viurons bons amys le reſte
de nos iours, & paſſerons le temps enſemble guayement &
ioyeuſement ſans querelle ny diſſenſion. Ie vous reſtabliray,
Dieu aidant, en la premiere ſplendeur de voſtre dignité, &
fairay tout mon pouuoir pour vous remettre en vos contentemens & vous rendre voſtre guayeté ordinaire.* Apres cela il fiſt faire les Harangues au nom de Chalile Sultan dans la ville, & de meſme par tout le Turqueſtan. S'eſtant ainſi accommodés, & aſſeurez l'vn de
l'autre par les ſermens qu'ils s'entre-firent, Chadaïdade partit pour aller voir les Mogols & pour leur
demander du ſecours au nom de Chal.le Sultan, le
laiſſant cependant dans Andecan. Quand les nouuelles de la mort de Tamerlan vindrent en ce pays

là, les Mogols auoient quitté les lieux de leurs demeures & vuidé leurs maisons, se refugiant dans les
lieux inaccessibles, & se guindant au somet des rocs
escarpés, où ils pensoient trouuer seureté, comme
nous auons dit cy dessus. Sitost que la nouuelle fut
asseurée, & qu'il n'y eut plus de subiet de douter,
qu'il ne fust hors du monde, ils demanderent paix &
seureté, & s'accommoderent auec Chadaïdade, qui
estoit leur voisin en ces quartiers là, enuoyant par
mesme moyen des Ambassadeurs à Chalile Sultan
pour le feliciter de son aduenement à l'Empire, auec
des presens de grand prix & des pieces superbes, &
entre autres vn throne d'or merueilleusement bien
trauaillé. Chalile Sultan receut leurs deputés auec
toute sorte de courtoisie & de ciuilité, leur tesmoi-
gna, qu'il estoit rauy de les voir, & qu'il faisoit tres
grád cas de leur amitié, les recópensát de leurs presens dix fois au double. *Le bien fait se garde*, dit le vers,
quelque long-temps qu'il se passe, sans qu'on en voye le fruict;
le malfait gaste les meilleures prouisions, que tu pourrois
auoir faites. Leur alliance ne cessa de s'affermir & leur
amitié de fleurir auec honneur & respect de part &
d'autre, tant que Chalile Sultan en recueillit les
fruits de consolation dans sa misere, apres que la fortune l'eut ietté dans les malheurs de sa destinée.
Si tost que Chadaïdade fut arriué chez eux, ils se
saisirent de sa personne, & enuoyerent vers Chalile
Sultan pour luy en donner aduis. *Nous voulons*, luy
mandoient ils, *vous faire voir dans l'occasion la sincerité*
de nos affections enuers vous, dans l'alliance, que nous auons

faite enſemble. *Nous ſçauons ce qui s'eſt paſſé entre vous & Chadaïdade, que c'eſt luy qui vous a ruiné & deſpouillé de vos Eſtats. Il vient maintenant nous demander du ſecours en voſtre nom. Faites nous ſçauoir vos intentions; nous le mettrons à mort, ſi vous l'ordonnés; nous luy donnerons du ſecours, ſi vous le deſirez. En vn mot nous ferons tout ce que vous nous commanderez.* Chalile Sultan leur reſpondit en ces termes. *Vous ſçauez le mal qu'il m'a fait, comme il m'a ruiné & affligé, mis hors de mon Royaume & de mes Eſtats, eloigné de ma famille & de mes amys, reduit à l'extreme baſſeſſe & miſere, hors de mon pays & de ma cognoiſſance. Maintenant il me met comme vn bouclier au-deuant de luy pour parer aux coups de ſa mauuaiſe fortune. Vous pouuez ſçauoir mieux que moy les intentions qu'il a pour l'auenir. En tout cas, ie vous prie de me garder le ſecret; cependant agiſſez en cette occaſion comme vous iugerez le plus à propos.* Sur cette reſponſe, ils firent incontinent trancher la teſte à Chadaïdade & la luy enuoyerent.

XV. Depuis ce temps là Chalile Sultan demeura en ces lieux ſur les frontieres de Turqueſtan, s'amuſant à faire en Perſan des Elegies ſur l'abſence de ſa chere moitié, qui paſſoient en beauté les Poëmes de Zidon; car il y expoſoit les tendreſſes de ſes affections, les douleurs de ſon eſloignement, & les violens deſirs de la reuoir, auec des termes à fendre les rochers & à amollir les marbres. En fin ne pouuant plus long-temps ſupporter ſes ennuys, il renonça à la demeure de ces contrées & ſe reſolut d'en ſortir. Il fiſt apreſter ſon equipage, & aſſembler ſes trou-

pes tant de caualleric, que d'Infanterie, & prenant sa
marche du costé de son oncle, se rendit aupres de
luy & se remist entre ses mains. Sarachi le receut honorablement a son arriuee, & sans luy parler ny faire
ressouuenir de tous les malheurs passez, luy rendit sa
chere amye & la remist entre les bras de son bien aimé. Apres cela ayant donné ordre aux affaires de la
Prouince & mis tout en bon estat, il y laissa pour
Gouuerneur son fils Aulougobic , & repassant en
Chorasane, emmena auec luy Chalile Sultan. Il luy
donna ensuite le gouuernement des Prouinces
de la Rie ; mais il n'en iouyt pas long-temps, car il
passa bien tost en la misericorde de Dieu, son oncle
luy ayant enuoyé soubs main quelque chose, qu'on
luy sist boire. Il fut enterré dans la ville de la Rie,
ayant par sa mort mis fin a tous les troubles du pays,
Sadomalque estant tombée dans cette derniere affliction, outrée de la perte de ce qu'elle cherissoit
seul au monde, *ie ne puis*, dist elle , *gouster plus long-
temps la douleur d'vne absence perpetuelle, ny demeurer en vn
lieu où ie n'ay plus d'esperance de vous reuoir.* Ce que disent ces vers, fut sa pensée. *Vous estiez la prunelle de
mes yeux , ie ne puis plus rien regarder icy ; viuant apres
vous, ie n'ay rien à faire, qu'à mourir . ie n'ay eu peur que de
vous perdre.* Apres cela elle prist vn poignard, & en
ayant mis la pointe en sa gorge, le poussa de telle force, qu'elle ressortit par l'autre costé. Tous ceux, qui
la virent, penserent mourir auec elle. Ils furent en-
terrés tous deux en vn mesme tombeau. Leur auanture faisoit souuenir de ce que dit le vers. *Nostre amité*

venoit elle de ce que nous estions icy deux estrangers, tout estranger estant parent de l'autre ? Sarachi est demeuré depuis cela paisible possesseur des Prouinces de delà la Riuiere, de Chorasane, de Chouuarzam, de Gergene, de la Gueraque Gageme, de Mazandrane, de Candahar, des Indes, de Carman, de tous les pays de la Gageme, & iusques aux confins d'Adrabigene, iusques aujourd-huy, qui est l'an huict cens quarante. Dieu tout puissant nous donne ses graces & ses faueurs pour la prosperité de l'auenir, & soit loüé à iamais, le Seigneur des armées.

Les descendans de Sarachi ont tousiours regné depuis ce temps là dans les Indes, successiuement, de pere en fils, & ce sont eux qu'on appelle communement les Grands Mogols. Le Mogol ou grand Mogol d'aujourd'huy 1658. est au neuf ou dixiesme degré de cette succession. Si quelque iour nous rencontrons quelque bon autheur à traduire, ou commodité de bons memoires, nous continuerons, Dieu aidant, l'histoire de ce puissant Estat, que Dieu a conserué iusques à maintenant, comme pour comble de la bonne fortune, dont il a fauorisé le Grand Tamerlan par dessus les conquerans, qui l'auoient precedé sans laisser de posterité considerable. Celle de Cyrus finit à son fils Cambyse ; Alexandre n'en eut aucune.

F I N.

Fautes d'impression.

Page 2. l. 22. ∘∘∘ lisez ∘∘∘ Page 57. l. 2. voftre importunité, lisez, noftre importunité. Page 95. l. 4. des autres, lisez, des autres. Page 98. XV. meur, lisez, meurt.

EXTRAICT DV PRIVILEGE
du Roy.

PAr grace & priuilege du Roy en date du 24. Decembre 1657. Signé VABOIS, il eſt permis à Maiſtre Pierre Vattier Conſeiller & Medecin de Monſeigneur le Duc d'Orleans, d'imprimer ou faire imprimer , vendre & diſtribuer, la traduction par luy faite d'vn Liure Arabe intitulé *Ahmedis Arabſiadæ vitæ & rerum geſtarum timuri, qui vulgò Tamerlanes dicitur, hiſtoria* , ſoit tout enſemble, ſoit en pluſieurs parties, & defenſes ſont faites à tous autres d'imprimer ledit Liure pendant cinq années à compter du iour, que chaque partie ſera acheuée d'imprimer, ſur les peines portées plus amplement par ledit Priuilege.

Acheué d'imprimer le 25. jour d'Octobre 1658.

Les exemplaires ont eſté fournis.

www.ingramcontent.com/pod-product-compliance
Lightning Source LLC
La Vergne TN
LVHW020650200726
843508LV00002B/711